又听栗花香

《中国乡村振兴》杂志社 新华指数研究院 ◎编

燕山大学出版社
·秦皇岛·

图书在版编目（CIP）数据

又听栗花香 /《中国乡村振兴》杂志社，新华指数研究院编. -- 秦皇岛 : 燕山大学出版社, 2024. 12.
（2025.3 重印） -- ISBN 978-7-5761-0785-2

Ⅰ. K292.24

中国国家版本馆 CIP 数据核字第 2024RM6552 号

又听栗花香
YOU TING LIHUA XIANG

《中国乡村振兴》杂志社 新华指数研究院 编

出 版 人：陈　玉	
责任编辑：孙亚楠	策划编辑：孙亚楠
责任印制：吴　波	封面设计：刘馨泽
出版发行：燕山大学出版社	电　　话：0335-8387555
地　　址：河北省秦皇岛市河北大街西段 438 号	邮政编码：066004
印　　刷：秦皇岛墨缘彩印有限公司	经　　销：全国新华书店

开　　本：880 mm×1230 mm　　1/32	印　　张：6.75
插　　页：2	字　　数：118 千字
版　　次：2024 年 12 月第 1 版	印　　次：2025 年 3 月第 2 次印刷
书　　号：ISBN 978-7-5761-0785-2	定　　价：58.00 元

版权所有　侵权必究

如发生印刷、装订质量问题，读者可与出版社联系调换

联系电话：0335-8387718

编 者

《中国乡村振兴》杂志社

新华指数研究院

参与编写人员

崔　岭	刘　颖	刘春铁	刘春燕
李邵昆	马丽文	亓芳芳	邵克强
唐河滨	滕　月	汪伟坚	王红利
王艳君	文　炜	夏长祥	许旻毓
杨宏玲	曾丹丹	张乐琪	

缘起

为助力青龙满族自治县板栗产业高质量发展,《中国乡村振兴》杂志社与新华指数研究院组成课题组,专注研究并有幸成为青龙板栗产业发展的真实见证者与深度探索者。近年来,课题组派出专业团队深入这片土地,对青龙板栗开展持续且深入的调研。从土壤到果实,从栗农到产业,每一个环节都细致剖析。

其间,课题组成员走遍了青龙的山山水水。呼吸着新鲜的空气,品味着香甜的板栗,体验着青龙人民幸福甜蜜的日子,于指数研究之外,还收获了那些灵动鲜活、令人感动的场景和人物故事,深感有必要拿起笔,去记录这里的山水、人文和生动实践。于是便有了《又听栗花香》这本书,其中,"听"取自青龙方言。在青龙方言中,"闻香"说作"听香"。

愿大家和我们一起,感受青龙的原生态,感受巍峨苍翠的燕山山脉,感受淳朴善良的山里人,感受那些敢闯敢试的探路人,感受钟情青龙的痴情人,感受青龙的"栗"史人文。

让我们一起见证青龙腾飞的双翼日渐壮大!

编者
2024 年 6 月

序一

当我听到《中国乡村振兴》杂志社与新华指数研究院在编写《又听栗花香》一书时,内心深感欣喜,又觉得恰当其时。

我于2019年初识青龙,应邀参加板栗产业发展大会。青龙板栗给我留下了深刻的印象。

青龙的板栗,外形饱满,果壳坚硬而富有光泽,果肉金黄,质地细腻,糯性十足,甜度适中,香气四溢,是老少皆宜的健康食品。

板栗可谓大自然留给青龙的宝贵财富。青龙处于燕山东段南麓、北纬40°,这里是我国的黄金农业种植带,也是中国乃至世界上唯一的一条能产出具有独特品质板栗的产业线,"天选之地"孕育了非凡品质。同时,青龙人民世世代代以种植板栗为生,他们传承着古老的种植技艺,从选种、育苗、栽培到管理,每一个环节都倾注了他们的心血和汗水。正是这种对板栗的热爱和执着,才造就了青龙板栗的卓越品质。

今年9月,我再次来到青龙,依然是参加板栗产业发展大会。

大会主办地在"秋山度·栗"板栗公园,老栗树群落成了热门打卡地,展台上的板栗系列农产品实现了提档升级,国内外专家和客商齐聚一堂,现场的电商直播更是热闹非凡。

真为青龙感到高兴,为青龙板栗感到高兴。短短5年,青龙板栗发展就有了质的突破:种植面积突破100

万亩，产值达 13 亿元，销售范围已经覆盖全国 32 个省（区、市），全球 20 多个国家和地区，对板栗全生命周期实施了无公害栽培管理，政策和金融支持龙头企业带动全产业链发展深加工，县、乡、村三级贯通式的电商物流体系打通了板栗出山通道……

但细思下来，青龙板栗仍有"养在深闺人未识"之憾，或者说市场对青龙板栗的认知、认同还不尽准确、不尽全面。这固然有青龙板栗在产业发展过程中战略作用发挥不充分的原因，更主要的原因还是对青龙板栗的宣传推介不够，人们没有更多渠道获取青龙板栗的核心信息。

值得欣慰的是，《中国乡村振兴》杂志社与新华指数研究院的同志们正在做这项工作，他们常年在青龙蹲点调研，对青龙板栗进行深入探索，并编写了《又听栗花香》一书。

《又听栗花香》是一本纪实手册。它不仅是一本关于青龙板栗的读物，更是一幅展现青龙人民勤劳智慧、与关心热爱青龙板栗产业发展的朋友们共同奋斗的壮丽画卷。

青龙板栗是幸运的，在最好的时代，遇到一群对的人，可谓正逢其时。

祝愿青龙板栗产业蓬勃发展，祝愿青龙发展越来越好、人民越来越富足安康！

中国工程院院士
尹伟伦
2024 年 9 月

序二

岁月悠悠，总有些许瞬间镌刻心底，无法抹去。对我而言，那便是每年端午时节，漫步于故乡青龙，空气中弥漫的栗花香。这股香气是大自然对这片土地的恩赐，更凝聚着游子对故土的深深眷恋。

青龙地处河北省东北部，燕山东段、明长城北侧，隶属于秦皇岛市。这里昼夜温差较大，降雨适中，光照充足，山高林密，雨热同季，梯田广布。由片麻岩、花岗岩等风化形成的富含腐殖质的棕壤和褐土是板栗树生长的天然家园。我的童年，就是在栗树的陪伴下度过的。

每至端午，栗花悄然绽放，村庄四周便萦绕起淡淡清香。此时，长辈们会捡拾花穗，编成长绳晒干，用来在夜晚点燃驱蚊。在无数个漫长的夏夜，人们一边熏燃栗花"火绳"，一边谈论着雨水的多寡、年景的好坏，那份温馨和安详，我至今难忘。对于我们这些孩子来说，最兴奋的时刻还要到秋天，大家或偷偷溜到村里的栗树下，捡拾从栗蓬中掉落的板栗；或等大人们收完板栗，抓住上山捡柴的机会，爬上树去搜罗"漏网之鱼"。特别是每到过年时，母亲会把沙藏的板栗炒上一盘，招待来往的亲朋好友。小小的我总是迫不及待抓上一把，草草剥开就塞进嘴里，那般齿颊生津的糯甜，便是彼时最好的美味。

那些年，栗树还未像今天这般在青龙随处可见，正是这份相对稀缺，让每一次捡拾都成为一场小小的探险，每一粒收获的板栗都显得格外珍贵，每一次品尝都饱含着满足与喜悦，余味绵长。记忆中尤为深刻的是，在那个物资匮乏、粮食短缺的年代，大人们会将栗子碾碎与米一起煮粥，或将其磨成面做成栗面饽饽，这些看似简单的食物不仅填饱了肚子，更给无数清贫的日子带来了莫大的温暖。

时光匆匆，转眼离开家乡已很多年。每每听到家乡的栗花又一年香满山，听到家乡的板栗已从零星种植拓展至百万亩之多，从单一生产迈向多元加工，心中总是充满对家乡的感念，为家乡翻天覆地的变化而骄傲，也为家乡人的开拓进取、自强不息而自豪。

因此，得知《中国乡村振兴》杂志社与新华指数研究院要出版一本关于板栗的书时，我的内心是欣喜的。在我看来，《又听栗花香》的出版，不仅是对青龙板栗产业的深情回顾，也是对家乡人民勤劳智慧的一次致敬。书中记录的，不仅是板栗产业的发展，更是青龙人民与这片土地之间深厚的情感，展现的是人们对绿色发展和乡土情怀的坚守与传承。

书名定为"又听栗花香"，既寓意着青龙立足生态大力发展经济林，漫山栗花散发的馨香，又是青龙人民对美好生活向往的体现。以方言"听香"为题，这个充满乡土气息的表达，不仅赋予了书名深厚的文化内涵，也使得静态的香气因"听"的动作而变得富有律动，充满活力。

欣然接受邀请，为本书留下几行感言，希望能引导更多读者翻开这本书，去了解青龙的发展，感受青龙板栗的魅力，聆听这片土地和土地上的人民的故事。展望未来，我衷心祝愿青龙的每一天都充满新的希望和香气，祝愿青龙板栗在未来继续书写更精彩的篇章。也真诚期待青龙儿女能够践行生态文明理念，勇于探索新路，让板栗产业始终与国家的绿色发展理念同频共振，让这片绿水青山持续转化为金山银山，为全面建设社会主义现代化国家、全面推进中华民族伟大复兴贡献更多的青龙力量！

河北省林业和草原局党组书记、局长

王忠

2024年9月

序三

古往今来，中国人对生活的情怀和仪式感，都蕴含在随节气而生的吃食之中。《论语》中有"食不厌精，脍不厌细……失饪不食，不时不食"。不时不食，顺时而食，是尊崇自然的养生之道，也是中华食文化的精要之义。在栽培种植技术日趋先进的今天，要做到"不时不食"似乎较难，但时令佳品，无疑仍是人们的偏爱。板栗，大概是方今为数不多的有鲜明时令气息的吃食了。"粳稻远弥秀，栗芋秋新熟"，中秋前后，新熟的栗子下来了，糖炒栗子的香甜在大街小巷飘散起来，板栗烧肉、桂花栗羹的美味在餐桌上洋溢开来，人们就沉浸在秋天的喜悦和满足之中了。饱满圆润的栗子是秋天的杰作，带来了佳时的馈赠，满载烟火人间的风味。

板栗之特别还在于它是中国原生的物种。我们常吃的果蔬，有不少是从域外传入的。据说，花生和土豆原产于南美，辣椒自墨西哥引进，葡萄源自西亚，西瓜则来自非洲，而板栗毫无疑问是我国最古老的果树之一。《诗经》中有"山有漆，隰有栗。子有酒食，何不日鼓瑟"，表明板栗在中国已有2000多年的种植史了。自古以来，板栗就是人们喜爱的食物，《庄子》中有"昼拾橡栗，暮栖木上"。在唐代，板栗被列入宫廷美食。李白、杜甫、白居易、苏辙、陆游等历代文人都有咏赞板栗之作，其中范成大的"紫烂山梨红皱枣，总输易栗十分甜"，写出了板栗"千果之王"的气质；郑逸梅的"肥也，嫩也，暖也，尽栗之长，非老好饕不知"，则生动展示了板栗之妙。板栗，充盈着无尽美味与情思，在中国人的舌尖上穿越千年。

  板栗遍布中华大地，其中河北是板栗主产区之一。司马迁《史记》中有"燕、秦千树栗……此其人皆与千户侯等"，记述了古时燕赵大地种植板栗的盛况。位于燕山东段的青龙，地处著名的京东板栗黄金种植带。来到青龙，巍峨沧桑的明长城，灵秀多姿的祖山，蜿蜒莹澈的青龙河，让人叹服于燕云之地的自然造化之美和厚重的历史沉淀。若是初夏，满山遍野竞相盛开的板栗花，历经千年的古栗树，则是又一幅令人神往的青龙画面。独特的自然地理条件创造了青龙千百年的板栗种植史，乡村振兴、产业升级与生态文明建设融合驱动青龙板栗大规模、高质量发展。百万余亩的种植面积，不断完善的产业和产品体系，让人不会怀疑青龙在中国乃至世界板栗产地中的地位将越来越重要。

  本书名为"又听栗花香"，意趣盎然。在青龙方言中，闻气味的"闻"，说作"听"。"听"花香，甚妙，有诗的意境，让栗花之味有了韵律感。这味道，穿过数千年的时空，带着时代的气息，翩然而至。

新华社河北分社副社长
韩杰
2024 年 11 月

目录

第一章：来自北纬40°的甘甜　　001
青龙板栗的生态密码　　004
是干果之王，还是千果之王　　018

第二章：淳朴善良的山里人　　023
一棵活了千年的树　　026
栗农生活的变迁　　034
在板栗树下长大的姑娘　　040
京城回乡的逐梦人　　049

第三章：敢闯敢试的探路人　　057
"满栗香"香飘万家　　058
板栗引领的杂粮主食新"食"尚　　065

第四章：钟情青龙的痴情人　　077
板栗格格　　078
板栗技术总顾问　　085
只卖青龙板栗的炒货店　　093

第五章：新时代的农业强县　　　　　　　　　　101
指数观察：数字化工具赋能青龙板栗产业发展　　102
品牌传播专题（2024年1—6月）　　　　　　　118
新华·青龙板栗产业发展指数发布
显示青龙板栗产业持续稳健发展　　　　　　　　121
重构"山货出山"的县域实践
——河北青龙满族自治县壮大农业特色产业观察　129
燕山东段崛起振兴力量
——河北青龙满族自治县推动板栗产业高质量发展纪实　136
插上现代农业的翅膀　　　　　　　　　　　　　144

附录　　　　　　　　　　　　　　　　　　　　149
板栗美食秀　　　　　　　　　　　　　　　　　150
青龙板栗赋　　　　　　　　　　　　　　　　　191
山里栗花开（杂记）　　　　　　　　　　　　　193
来自各界的祝贺　　　　　　　　　　　　　　　196

后记　　　　　　　　　　　　　　　　　　　　199

第一章 来自北纬40°的甘甜

好板栗,燕山产。青龙板栗,以其独特的香、糯、甜征服着人们的味蕾。生长于燕山东段,长城沿线,凝聚着大自然的精华。颗颗饱满的板栗,散发着诱人的香气,口感软糯,甜味醇厚,让人回味无穷。

漫山遍野的板栗林

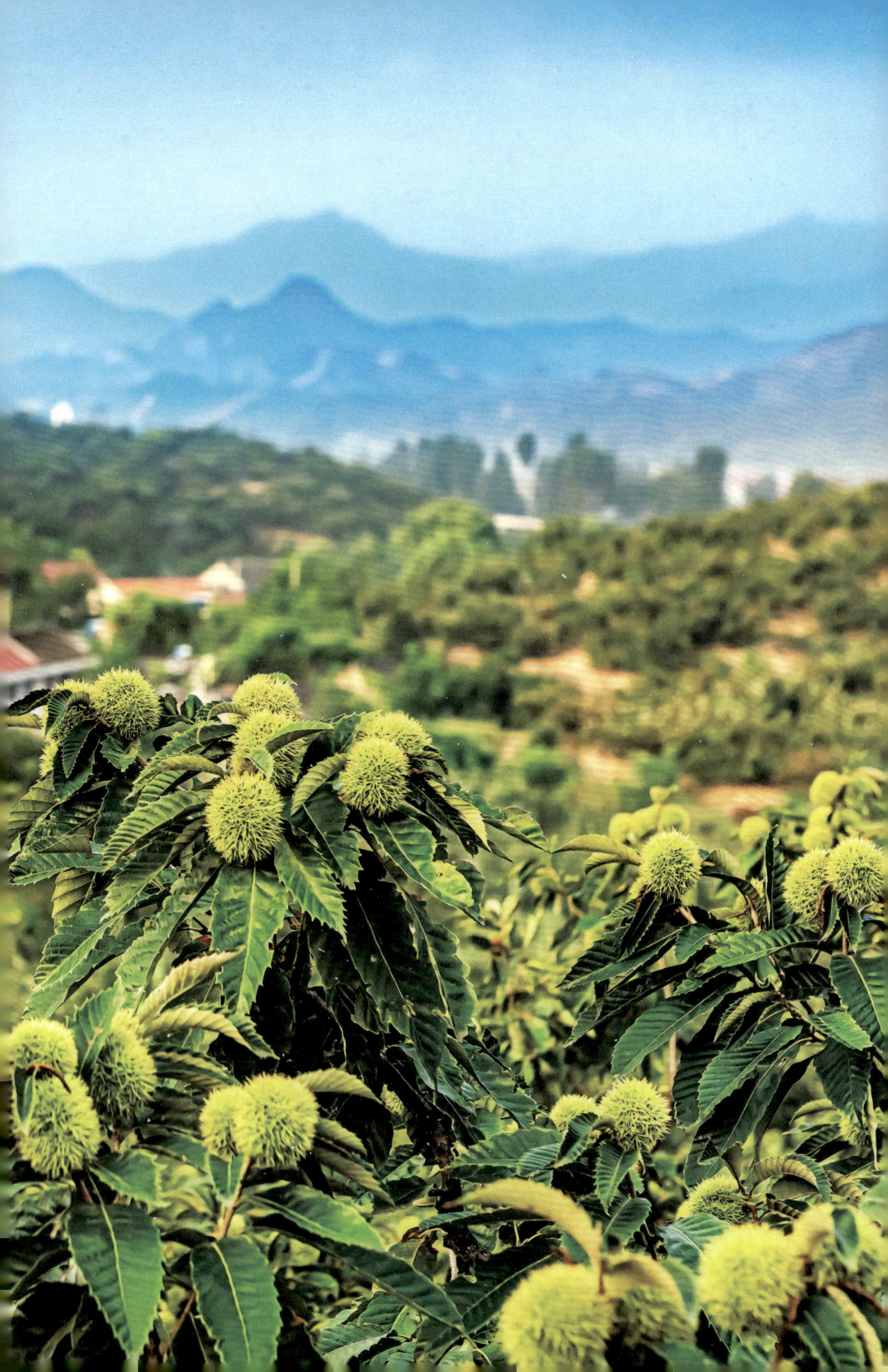

青龙板栗的生态密码

群山环抱的青龙大地

行走在群山环抱、山花烂漫的青龙大地，满眼都是亲切而美丽的风景。宁静的村庄偎依在山弯或水边，纵横的梯田环抱着庄稼和桑田，舒展的白云滑过绿色的山峦，清澈的河水在山脚下缓缓流淌。特别引人注目的是那一片片、一坡坡的果园，春天果花飘飘，夏天

第 1 章　来自北纬 40° 的甘甜

浓荫翠盖，秋日硕果累累。

青龙满族自治县，位于河北省东北部、燕山东段、古长城脚下，隶属于秦皇岛市，因青龙河贯穿全域而得名。青龙面积为 3510 平方公里，总人口 55.4 万，其中满族人口约占 74.7%，辖 1 个街道办、24 个乡镇，396 个行政村、10 个社区。早在旧石器时代，青龙域内就有人类活动，奚族文化、满族文化、红色文化和白酒文化在这里交相辉映，此外，这里还属于红山文化的外围部分。1123 年，奚族人在该县的祖山镇建立奚国，青龙现存有关于奚族人的历史遗迹和大量珍贵文物。康熙九年（1670 年），满族人大量向青龙域内迁移定居，这里至今保留着较鲜明的满族文化特征。抗日战争时期，青龙的花厂峪村是临抚凌青绥联合县工委机关所在地，是挺进东北的最前沿根据地。青龙域内出土金代烧酒锅，因此这里被学术界认定为中国蒸馏白酒发源地。1983 年，青龙县划归秦皇岛市管辖，1986 年，撤销青龙县，设立青龙满族自治县。

这里素有"八山一水一分田"之称，是典型的山区。山连着山，山挨着山，山里是山，山外有山，山不仅没有羁绊住人们的脚步，反而在物质和精神两个维度上滋养了青龙人民的信念和情感。青龙人民以山为伴、依山而居，自然对山也有着天然的亲近和敬畏。他们祖祖辈辈靠山而生,像保护眼睛一样保护大自然,因此青龙的植被覆盖率高达74.83%。山是绿的,河是绿的,梯田是绿的,连村庄和道路都是绿色的。绿,成了青龙的主色调。

青龙拥有秦皇岛市的两座高峰,祖山和都山。祖山海拔约1424米,是著名的风景名胜区,奇峰秀水,怪石悬泉,尽显高山峡谷的灵秀。都山海拔约1846米,是省级自然保护区,林深树密,鸟语花香,一派绿色海洋的风光。

青龙河纵贯青龙全域,是青龙的母亲河,青龙的桃林口水库是

青龙的山与栗林

秦皇岛和唐山两市的重要水源。青龙河两岸，人们夙兴夜寐、春耕秋藏。大山的馈赠是丰厚的，这里不仅有大约1000种野生植物，而且盛产小米，中药材，苹果、梨、杏、桃、山楂、板栗、核桃……特别是板栗，青龙种植有百万余亩。

优良的生态环境，独特的地质地貌，适宜的气候条件，造就了青龙板栗绝佳的品质。生态优，环境美，品质佳——这是一条互相依存、互相转化的链条，青龙板栗正是这链条上的明珠。

勤劳智慧的青龙栗农，在长期栽培、经管板栗的过程中，早就摸透了板栗的"脾气"，掌握了板栗的"生态密码"。

密码之一：幸运的地理纬度

青龙地处东经118°33′31″—119°36′30″，北纬40°04′40″—40°36′52″。北纬40°线被称为"地球的金项链"，横穿北京、敦煌、马德里、伊斯坦布尔、安卡拉、盐湖城、华盛顿、纽约、费城等众多世界知名城市。北纬40°是"世界水果核心优生区"，盛产世界上最好的果品，如中国新疆的哈密瓜、吐鲁番葡萄、阿克苏苹果，河北昌黎的葡萄，辽宁丹东的草莓……青龙恰好处在北纬40°线附近。从纬度的跨度上说，青龙南北的纬度差是0.5°左右。

板栗挂枝头

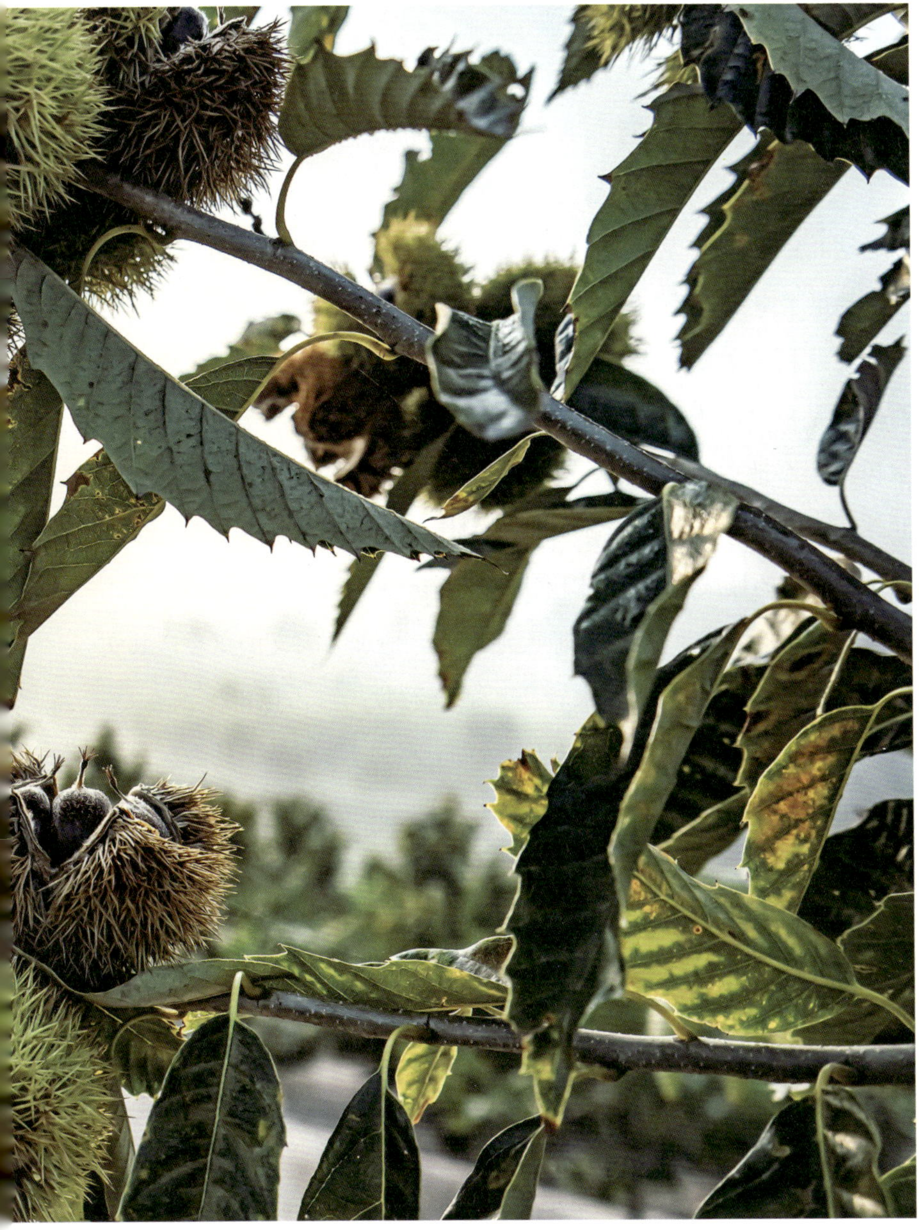

就是这 0.5°,与青龙山地丘陵小气候的结合,给青龙的 100 万亩优质板栗提供了完美的"气候组合"。

河北板栗主要有太行山、燕山两大产区。在燕山山脉,明长城两侧就是板栗的集中种植区,也是品质优生区,包括燕山板栗和京东板栗两个地理标志产品。燕山板栗、京东板栗的主产区全部位于北纬 40°线附近,这也就不难理解为什么北京及北京以东这一带燕山山脉出产的板栗成为中国国家地理标志产品。

北纬 40°线还与明长城惊人地重合。地理与人文的重叠,其实并不是巧合。燕山以北降水较少,适合游牧。燕山以南降水充足,适合农耕。青龙恰好处在游牧与农耕的交错地带。由于是山区,粮食种植面积有限,但这里天然适合各类果品生长。如野生的山杏、胡桃楸、榛子、软枣猕猴桃,栽培的板栗、苹果、核桃、枸杞等。这里气候温凉、雨热同季、降水适中、日照充足、昼夜温差大,造就了品质绝佳的青龙板栗。

密码之二:适宜的气候条件

青龙山峦纵横、沟谷密布,形成特有的小气候。冬季可延缓狂风,春季可抵挡寒潮,夏季可增加降雨,秋季可提高温差。

青龙年平均降水量660毫米，降水最多的年份降水量超过1000毫米，降水最少的年份降水量不足400毫米。受水源条件和经济成本限制，大规模灌溉难以实现，青龙农业大部分为旱作农业，但板栗为深根树种，具备一定的抗旱能力，正常年景，板栗不需要人工灌溉也能正常生长，不影响产量。

板栗发芽相对较晚，早春时节不需要灌溉；5月长叶，6月开花，与雨水从少转多的趋势相适应；7—9月是生长旺季，正是雨水充足的季节。雨热同季，为板栗坐果成熟提供了光热和水分保障。燕山山脉虽然为大陆性气候，但受季风影响明显，夏季暖湿气流由南向北输送，遇燕山抬高形成地形雨，因此燕山山脉是一条绿色山脉，森林茂密，果业发达。这也是板栗成为青龙主导产业之一的重要因素。

在4—9月的板栗生长期内，北纬40°的阳光明朗而强烈，平均日照时长达8小时以上，这正是喜光的板栗生长的最爱。

青龙全年平均温差为13.3℃，特别是在9月板栗成熟的黄金期，昼夜温差可达13.9℃。温度的大幅度摆动，有利于糖分的积累。软糯香甜的青龙板栗正是大自然这个气候魔术师的"精工制造"，每一颗栗果，都是一个制造、储藏淀粉和糖的"微工厂"。

密码之三：继承与不断创新的优良品种

青龙栗农"换新"不"弃旧"。青龙现存板栗古树较多，这些老栗树经过历史的洗礼存活了下来，根深树茂，长年累月汲取深土层中的各种矿物质等营养成分，生产出果肉金黄、香甜软糯的"老树栗子"，非常受消费者的追捧。近年来，青龙板栗持续嫁接了"燕山早丰""大板红""燕山硕丰"等优良品种，板栗品质不断提升。同时，青龙坚持生态有机种植，施用农家肥，不使用化学肥料，采用生物防治杀虫灯，生产健康无污染的绿色有机板栗。

在新品种、新技术、新生产模式的促动下，青龙板栗产业蓬勃发展，

第 ❶ 章　来自北纬 40° 的甘甜　　/ 013

青色的栗蓬

成为农民增收的重要来源和县域经济的重要支撑。

密码之四：独特的地质地貌

青龙多山，但地貌总体以山地丘陵为主，还有许多"微型盆地"和"袖珍平原"。青龙有海拔 1000—2000 米的山 9 座，海拔 500—1000 米的山 122 座，海拔 500 米以下的丘陵面积占全县总面积的 67.2%。县域内都山海拔最高，约为 1846 米；桃林口水库海拔最低，约为 80 米。板栗绝大多数生长在海拔 100—500 米之间，也就是山地间的丘陵地带。

亿万年的风化、冲刷、搬运和生物作用，造就了青龙松软深厚的土层。青龙的土壤主要为褐土和棕壤，有机质含量丰富，富含多种矿物质，具有较强的保水保肥能力，非常适宜板栗生长。"板栗不下山"，这是当地栗农口口相传的栽培经验。青龙满族自治县林业局副局长刘春铁解释说，板栗之所以有"不下山"的说法，主要是因为它们对水分的敏感性。板栗喜水，民间也有"旱枣涝栗子"的说法，但必须注意水分适度，长期的积水会导致栗树根系缺氧，影响其对养分的吸收，进而影响树木的正常生长和果实的质量。因此，青龙栗农选择缓坡、梯田或沙质平地作为栗树栽植地。这样的土地不仅土层肥厚，富含腐殖质，而且具有一定的坡度和高差，多为湿润、通透性好、排水良好、有机质含量高的砂壤土，这为板栗生长提供了绝佳的条件。青龙的板栗多为立体分布，梯次垂直，天然具备了良好的采光和通风条件，这是沃野千里的平原做不到的。

天然林与板栗林交错分布，是青龙栗农的耕作习惯使然。凭着对土地、山林的熟悉，以及热爱自然、保护生态的朴素信念，青龙栗农把板栗请上浅山丘陵、半山腰，栽植在平缓的山坡上、错落有致的梯田里，既能让森林休养生息，又能合理利用土地。天然林为板栗林提供了有机物丰富的土壤和良好的生态屏障。栗农们这样"见缝插针"，按照适地适树原则广植板栗，不仅提高了收入，而且为乡村的生态环境增加了绿色能量。

板栗一年移栽，两年嫁接，三年可见果，虽然不能"一种永生"，但也能生长百年甚至数千年。种植板栗从来都不是急功近利的产业。栗农呵护板栗就像哺育自己的孩子，从育苗、栽植、嫁接、剪枝、施肥，到收获、储藏、售卖，每一个环节都要操心费力。小小的板栗经过天地化育和精心栽培，最终变为一粒粒晶莹饱满、香甜软糯的人间美味，其间浸透的是汗水和智慧。修剪、松土、施肥、收获，这样的劳作是辛苦的，也是甜蜜的，因为它承载着青龙栗农对幸福生活的向往，也承载着他们对美好未来的念想。

捡栗子是秋天的一项独特的劳动。一年一度秋风劲，当板栗成熟，咧开了嘴，从满是针刺的果皮中显露紫褐色的果实，收获板栗的季节到来了。收获是快乐的，这是对一年辛苦劳动的检阅，也是对两手老茧的回报。收获也是艰辛的。青龙人民不习惯"打"栗子（尚未成熟时就用长杆把板栗敲打下来），他们更喜欢"捡"栗子。等到板栗自然成熟，掉落到地上，人们一粒粒地去捡拾，弯腰俯身，辛苦自不待言。然而，只有自然成熟的板栗，才能有最佳的口感。1斤板栗通常有60颗左右，真是"栗栗"皆辛苦。

五指山村万亩板栗园基地

优良的生态是青龙的最大优势,而小小的板栗,正是青龙把生态优势转化为发展优势,把绿水青山就是金山银山理念发挥到极致的证明。一条条沟,一道道梁,山上是森林,山腰是板栗,山脚是村庄和田园,真是一幅人与自然和谐共生的美好画卷。

是干果之王,还是千果之王

来青龙之前,一直以为大家口传的"干果之王"和"千果之王"只是"千"与"干"的误写罢了。来青龙之后,板栗产业发展中心的同志用两个谚语给出了答案。

干果之王——板栗

"十月板栗笑哈哈，健康长寿跑到家"

这第一个谚语是在说板栗营养丰富。青龙板栗的糖和淀粉含量高达 70.1%，蛋白质含量约为 7%。此外，青龙板栗还富含钙、磷、铁等，其维生素 C、维生素 B1、维生素 B2 和胡萝卜素的含量高于一般干果，因此被称为"干果之王"。

丰富的碳水化合物，能为人体提供充足的能量。板栗中碳水化合物的主要来源是其高含量的淀粉，淀粉在人体内经消化后转化为葡萄糖，为身体的各项生理活动提供动力。

优质蛋白质，由多种氨基酸组成，对维持人体的正常代谢、生长发育和组织修复起着重要作用。板栗中优质蛋白质的来源是板栗自身的生物合成。板栗在生长过程中吸收土壤中的养分和水分，通过光合作用等生理过程合成蛋白质。

维生素能够提高人体免疫力。维生素 C 具有抗氧化作用，能够帮助人体抵御自由基的伤害，促进胶原蛋白合成，提高身体的抵抗力。维生素 B1 和 B2 参与人体的能量代谢过程。板栗中这些维生素一方面来源于板栗生长过程中从土壤和空气中吸收的微量元素和营养物质，另一方面来源于光合作用的合成。

多种矿物质，对人体健康非常有帮助。钾有助于维持心脏正常功能和血压稳定；铁是合成血红蛋白的重要元素，可预防贫血；锌是多种酶的活化剂，对人体的生长发育和免疫功能有重要影响；镁对骨骼健康和神经系统正常运作至关重要；钙是构成骨骼的重要成分，磷与钙协同作用，有助于维持骨骼的正常结构和功能。板栗中这些矿物质的来源与板栗生长的土壤环境密切相关，青龙地区的土壤中富含这些矿物质元素，被板栗吸收后储存在了果实中。适量食用板栗，对预防骨质疏松、促进骨骼发育等有一定的益处，对高血压、冠心病、动脉硬化等心血管疾病有很好的预防作用。

"腰酸腿软缺肾气，栗子稀饭赛补剂"

这第二个谚语是在说板栗还具有很高的药用价值。板栗与桃、杏、李、枣并称"五果"，除可食用外，还有健脾养胃、补肾强筋等功效，因此被誉为"千果之王"。在国外，它甚至被称为东方"人参果"。

健脾养胃。据《本草纲目》记载："栗味甘性温，入脾胃肾经。"意思是说中医认为，栗子味甘、性温，归脾、胃经，具有益气补脾、厚肠胃的作用。板栗可用于改善脾胃虚弱、消化不良等症状，作用机制是它的营养成分有助于调节胃肠道功能，促进消化液分泌，增强胃肠蠕动。每天吃 3 颗栗子，有助于改善脾胃功能，对脾胃虚弱、消化不良等有一定的调理作用。脾胃乃后天之本，脾胃功能良好，人体才能更好地消化吸收食物中的营养物质，为身体提供充足的能量。

补肾强筋。《千金方》里提到："栗，肾之果也。"传统医学认为板栗有补肾强筋的作用，对肾虚所致的腰膝酸软、腰腿疼痛、小便频繁等症状有一定的缓解作用。这是因为板栗中含有的一些活性成分对肾脏功能有一定的调节和保护作用。肾主骨生髓，肾脏功能强健，骨骼才能更健康，身体的运动能力和耐力也会相应提高。早晚生吃栗子 3 颗，对老年肾亏、小便频繁有益。用 10 颗栗子和猪肾、薏仁、大米一起煮粥，可缓解由肾虚引起的腰腿无力。

止血活血。《本草图经》里提到："栗房当心。子谓之栗楔，活血尤效，今衡山合活血丹用之。果中栗最有益。"在民间，板栗常被用于止血活血，它具有收敛止血的作用，也有助于促进血液循环。

这样看来，"日啖三栗"是个好习惯。板栗可以生食，品尝其原汁原味的清甜与脆爽；可以炒食或煮食，烹饪后的板栗香气扑鼻、入口即化；可以磨成栗粉，制作成各式各样的精美糕点；还可以作为烹饪原料之一，为菜肴增添独特的风味。

千百年来，青龙人民在辛勤劳作、享受美好生活的同时，也赋予了板栗丰富多彩的文化内涵，让人倍感生活的甜美和幸福。

拜师、求学、升迁、开业、嫁娶和庆寿等重要时刻，青龙人民都以栗子相赠，以祝其大吉大利。由于栗子与"立子"同音，板栗因此也成为婚庆过程中必不可少的用品。青龙本地青年男女喜结良缘时，老人们会把大枣、花生、桂圆、板栗缝入新娘的被角，以"枣生桂子"谐音"早生贵子"，以示吉祥。青龙人宴请宾客，必备栗子烧鸡这道菜肴，取"大吉大利"之意。在青龙，万物都可与板栗混搭，也正因为如此，青龙板栗才能历久弥香，源远流长。

第二章 淳朴善良的山里人

在青龙的山间,世世代代栗农们的勤劳身影穿梭于板栗林间,他们用粗糙的双手呵护每一棵栗树,培育出品质上乘的青龙板栗,那是对土地深深的眷恋。如今,在乡村振兴的路上,一代新农人正在崛起,他们带着山里人的真诚实在,将传统与现代交织,让青龙板栗走出大山,书写新篇,传承并弘扬着独特的精神"基因"。

栗花

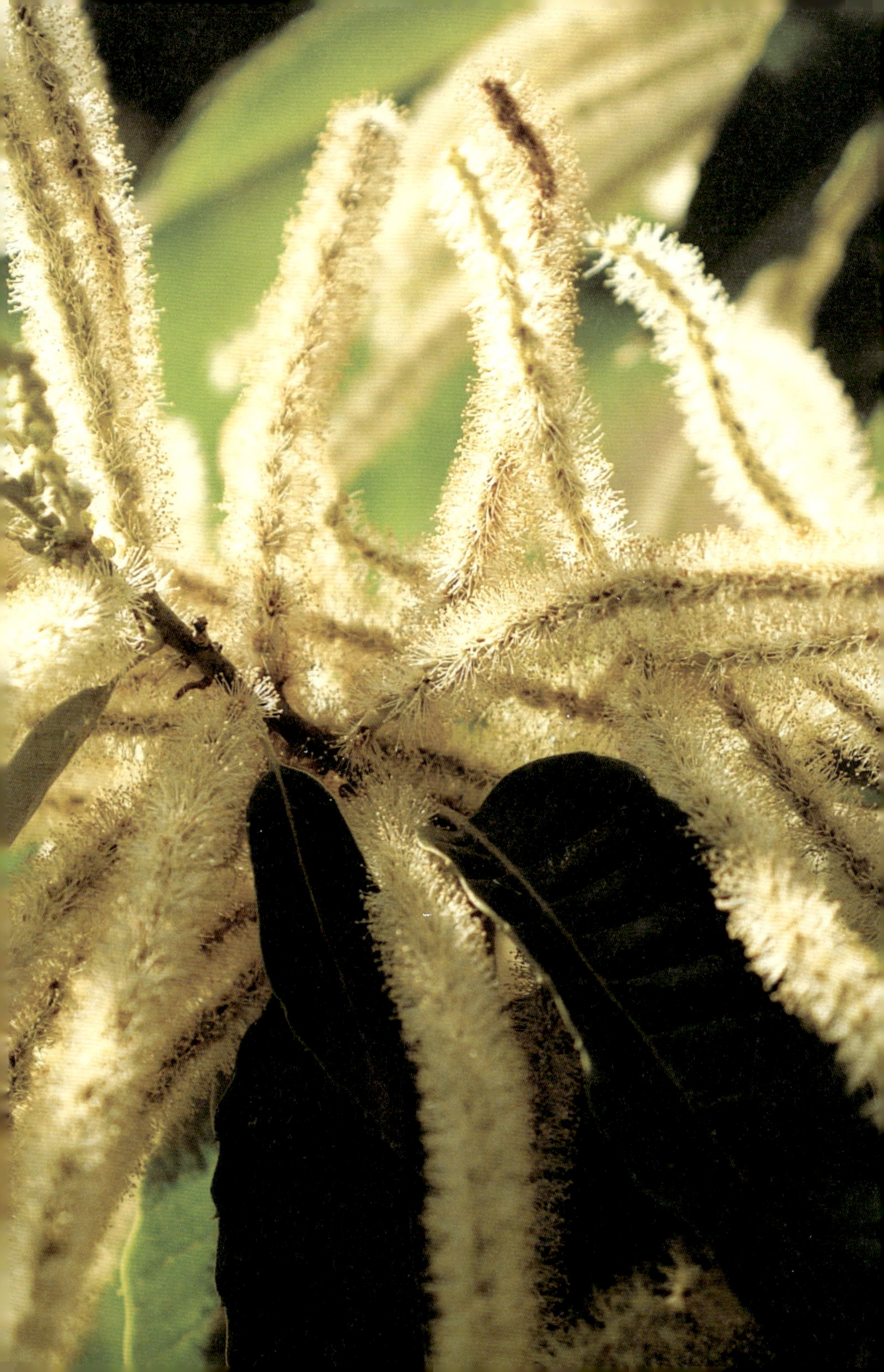

一棵活了千年的树

　　板栗是我国最早栽培的果树之一,最初以"果腹充饥"的林产品出现在人类祖先的视野中。其后,先民们有意识地栽培这种铁杆庄稼、木本粮食。经过几千年的发展,板栗树成为我国重要的经济林种,板栗也从代粮食品发展成现在的特色农产品、休闲食品。

　　青龙板栗历史悠久。据《河北省志·林业志》记载,2000多年前,燕赵地区就有板栗栽植,面积大,品质好,已在百姓生活中占有重要地位;灾荒之年,百姓多以板栗等维持生活。《吕氏春秋》中有"果有三美者,有冀山之栗"。司马迁的《史记·货殖列传》中有"安邑千树枣,燕、秦千树栗……此其人皆与千户侯等"。"冀""燕"指现在包括青龙满族自治县在内的部分河北地区。《史记》中提到的"燕、秦"两地有上千棵栗子树,足见2000多年前青龙便已栽植板栗。

　　战国时期,苏秦游说燕国时曾提到过这一带的板栗。苏秦是雒阳(今河南洛阳)人,鬼谷子的学生。他出游多年,贫困潦倒而归,

第 ❷ 章　　淳朴善良的山里人

青龙广泛种植板栗

他的家人讥笑他说:"周朝人习惯治产业、力工商,而你放弃这些根本,专门耍嘴皮子功夫,怎么能不贫困呢!"苏秦十分惭愧,闭门不出,翻阅典籍,刻苦攻读。过了一年有余,他从中揣摩出了一套游说办法,自信地说:"用这个办法可以游说各国国君了。"苏秦先去游说周显王,周显王身边的人平时都了解苏秦,不信他的话。苏秦便西奔秦国,游说秦惠王,秦惠王刚刚杀了商鞅,疾恨舌辩之士,也没用他。于是苏秦东奔赵国,却也未游说成功。苏秦无奈北奔燕国,他经过沿途考察后,对燕文侯说:"燕国'南有碣石(今昌黎、乐亭一带)、雁门之饶,北(今青龙、兴隆一带)有枣栗之利,民虽不佃作而足于枣栗矣。此所谓天府者也。'(《史记·苏秦列传》中有记载)"。接着又说:"要论太平无事,很少打仗,哪里也比不过燕国。您知道这是为什么吗?"燕文侯没有回答。苏秦接着说:"之所以燕国不被侵略,是因为有赵国在南面给你当屏障。秦国跟赵国打了五次仗,秦国胜了两次,赵国胜了三次,秦、赵相斗,谁也顾不上攻打燕国,这是燕国安然无恙的主要原因。秦国不能攻打燕国是明摆着的事。但如果赵国攻打燕国,赵国国君号令一下,赵国十余日就可打到燕国国都。因此,大王若与赵国结盟,燕国必无忧矣。"燕文侯采纳了苏秦的建议,资助了苏秦车马金帛去游说赵国,以便早日和赵国结盟。尽管齐、楚、燕、韩、赵、魏等国后来仍被秦国一一吞并,但燕地百姓种植板栗的农业传统一直延续至今。

据青龙林业部门统计,青龙域内拥有百年以上的古栗树5000余株,其中单株存在的古栗树有487株,古栗树群有17个。如此规模和密度的古栗树群,在全球都极为罕见。优质的种质资源和丰富的板栗品系,保证了遗传基因的多样性,从而使青龙有着极具青龙特色的优良板栗品种。

为守护这些珍贵的自然遗产，青龙专门成立了古栗树保护小组，定期为古栗树进行健康检查，制订专属养护方案，为每一棵古栗树"把脉问诊"，防治病虫害，确保它们枝繁叶茂。

　　2024年夏，正是栗花飘香的季节，秦皇岛市林业局邀请河北科技师范学院古树专家和秦皇岛市、县林业部门高级工程师组成专家组，到青龙凉水河乡下草碾村，为一棵已有千年树龄的板栗树"把脉"。这棵板栗古树的树龄约为1000年，保护等级为一级，被誉为"中华板栗王"。古树树干粗壮，周长近7米，需6个成年男子手拉手才能合围；高有13米；树冠幅达14米，如一把撑开的巨伞，守护着它脚下的土地。

　　关于"中华板栗王"，还有一段传说。

　　相传在清代乾隆年间，有满族正蓝旗人迁至此地谋生，村东头有一户人家，户主名叫郭仲。一日，郭仲耕地归来，听闻村南有喊杀声与马蹄声，见十余蒙面黑衣人骑马围追两人。这两人中一人骑枣红大马，气宇轩昂，手持扇子，另一人武功高强，正持刀拼杀。奈何势单力孤，两人渐落下风。郭仲也是自幼习武，又好打抱不平，顺手抄起一段栗木前去相助，与二人合力打跑了众追兵。见二人又饿又累，郭仲将其带回家中。郭家贫寒，仅以野菜和杂面汤待客，

千年古栗树

第❷章　淳朴善良的山里人

二人却称赞美味。饭后,郭仲送二位出门,持扇者见郭家门前有一株大栗树,比水缸还粗,惊叹为"栗树之王"。后来,朝廷宣郭仲进京,才得知那日所救二人竟然是乾隆皇帝及其侍卫。郭仲携妻儿奉旨进京,受到厚待,这棵大板栗树亦得荫封。道光二十七年(1847年),郭仲曾孙考取进士,曾任永平府迁安县知事。

传说毕竟是传说,史书无载,也就无从考证,但人们口口相传,乐于将这段传说演绎成与皇帝相关的故事,虽不足信,但从中可以看出人们对板栗树的尊重和敬意。

现今,"中华板栗王"的主人叫王桂琴,是一位70多岁的老人。王桂琴一家世世代代将这棵树视作家人般精心养护。30多年前,王桂琴的儿子成家之际,家中一贫如洗,老两口愁绪满怀。这棵板栗树宛如救星,往年仅结几十斤栗子,那年却结出了200多斤,救了急。自此,王桂琴一家更加用心呵护这棵树,每年按时修剪树枝、刮树皮。在他们的精心照料下，板栗树年年硕果累累，且结出的板栗口感独特。

板栗树是通过种植栗果获得实生苗，再通过移栽、嫁接定植而成的，因此，一株栗树同时拥有两个母本，一个是种子的母树提供的，一个是嫁接枝条的母树提供的。优中选优，经过一代代改良，板栗的品质才能获得保证。而这棵千年古树，毫无疑问拥有了无数的后代，早已遍布青龙的坡坡岭岭。

古栗树群

历史的跨度充分说明了板栗在青龙大地的生态适宜性和在农业生产中的重要地位。

古老的栗树历经岁月沧桑，见证了无数的人和事，如同岁月的守护者，将过去的故事沉淀在自己的年轮之中。它们不仅是青龙板栗种植历史的见证者，更是连接过去与未来的纽带。它们所代表的坚韧、顽强与生命力，激励着后人更加坚定地走向板栗产业可持续发展的未来，让子孙后代也能领略到古老的栗树所承载的历史温度和自然之美，让历史的记忆在未来的岁月中继续绽放光彩。

栗农生活的变迁

路之所以成为路，总得有一个披荆斩棘、具有开拓精神的先行探索者，旁人或后人才能沿着他的足迹踏出一条宽阔平坦的通途。栗农们的路，亦是如此，正如这一老一少，他们生活在同一个乡村，却用不同的方式，探索并走出了两代人不同的板栗致富之路。

八旬老人的板栗之路

这位老人，名叫王启，现年 82 岁，是青龙镇五道沟村的一个普通农民。然而，就是这样一个普普通通的老人，却率先在自家荒山上种植出了一片板栗园，走出了一条农民的发家致富之路。

五道沟村位于青龙县城附近的一条山沟里，20 世纪 80 年代初，那里山高林密，交通还很不便。为了改善经济生活，村里的大部分年轻人纷纷去外面打工，致使许多田地荒废。留守下来的人们大多开荒种田，或选择在山上种植山楂苗木。那时的王启却暗下决心，

第❷章　淳朴善良的山里人

一定要在这片荒地上种出一片希望。经过多方考察，他发现当地的气候和土壤非常适合种植板栗。于是，一条漫长的板栗种植之路就开始了。

种植板栗的要求有些高，不像种植山楂那样挖一个大坑栽上树苗即可。种植板栗需要修筑梯田，深翻土壤，施有机肥改善土地条件，这些都需要大量的体力。

王启没有依靠任何人，每天天不亮就扛着锄头、铁锹上山，一干就是整整一天。夏天汗如雨下，冬天寒风刺骨，但他从未停歇。遇到坚硬的岩石，他就用钢钎一点点凿开；遇到土壤不好，他就从远处背回肥沃的土壤。日复一日，年复一年，村里人笑他是新时代"愚公"。

功夫不负有心人，王启凭借自己的双手硬是在荒山上开出了一片10亩的板栗园。几年之后，500棵板栗树在王启的精心呵护下，茁壮成长，结出了累累硕果。个大饱满、软糯香甜的板栗让王启尝到了成功的滋味，当时每斤板栗能卖到八九块，给他带来了可观的经济收入。

王启成了村里的能人，越来越多的人开始加入板栗种植的行列。王启不仅享受到了板栗带来的经济回报，还感受到了一种责任感。

他无私地分享种植经验和技术，帮助村民提高板栗的产量和品质，带动了整个村庄的经济发展。

40 年的坚持，栗树园早已成为王启生活的一部分。他每天都要去栗树园走走看看，哪怕是锄一片草，或在坝墙上添上一块石头。如今，在王启的影响下，板栗已经成了村里重要的经济作物。

栗树园

90 后小伙儿——网络新农人

如果说王启老人用几十年如一日的坚守种下了脱贫的栗种，那么 90 后满立峰的返乡创业，又让栗农们看到了新的出路。

传统的农产品种植虽然提高了村民的收入,但销售渠道匮乏、价格波动大等问题,仍然没有让村民的生活彻底改变。

　　"这就是我们青龙的板栗,个个果实饱满,入口香甜,还有很高的营养价值……"屏幕上正在快言快语、以饱满的热情直播的小伙儿,就是青龙通过电商创业走上致富路的新农人满立峰。

　　满立峰于1992年出生在五道沟村的一个栗农家庭。大学毕业后,他外出打工,在烟草公司工作过,也尝试过经营小商店,但他始终放不下对板栗的牵挂。满立峰深知青龙板栗的品质优良,可"酒香也怕巷子深",在网络上很难找到关于青龙板栗的信息。他试着开网店,但始终没有太大起色。

　　2021年,满立峰接到了一个电话,村里人喊他回家做电商卖板栗。"'三级书记抓电商',这是多大的力度啊!有政策支持,肯定错不了!"于是满立峰毅然告别了多彩的城市,回到家乡当起了新农人。

　　他在青龙电商中心免费学习了电商的知识,将他大学时开设的淘宝店铺更名为"青龙满族立峰土特产",还开通了微信公众号,走绿色通道注册了"青龙满族自治县栗云商贸有限公司",专门销售板栗等青龙本地的农产品。起初,满立峰的团队成员都是他的家人:父母负责打包发货,妻子做客服与运营,年近九旬的奶奶是产品代言人。满立峰自己也没有想到，奶奶手捧个大饱满的板栗、慈祥地笑着的视频瞬间爆火，使板栗的销量也日益增加。

那一刻，他很感动，感动于家乡人的淳朴得到认可，感动于家乡的特产被认可。他先后在拼多多、快手、抖音等各大平台开设了14个店铺，为村里的20多人提供了工作岗位。功夫不负有心人，满立峰的电商越做越顺利，名气也越来越大。满立峰被评为"乡村振兴全国主播大赛优秀主播""青龙县域电商创业讲师""青龙县优秀民营企业家"。

如今，满立峰的公司逐渐从线上店铺发展为实体企业。他在五道沟村建立了冷库，实现了产品仓储、加工、物流一体化运营，提升了产品附加值，为村庄经济发展注入了新的活力。

满立峰常说："青龙有五个'好'——条件好、基础好、政策好、机遇好、前景好。没有县委县政府的扶持，就没有我今天的成功。"他计划继续扩大电商事业，为乡村振兴和村民增收尽一份力。

如今，满立峰不仅忙于直播带货和自我提升，还向本地电商企业分享自己的经验，帮助培育了67家电商新手。他的努力与坚持，就像当年的王启一样，成了青龙年轻一代的榜样，影响着更多返乡创业的年轻人。

第 ❷ 章　　淳朴善良的山里人

新农人满立峰

两代人用不同的方式带领村民走上了致富之路。一代人用几十年如一日的坚守，铺就了脱贫致富的基石；一代人借助新兴电商，助力乡村经济腾飞。

他们是青龙栗农的代表，他们用淳朴与辛勤诠释了平凡的劳作，用敢闯敢干的精神踏上了宽广的乡村振兴之路。

在板栗树下长大的姑娘

"在我心中,栗子就是陪伴我成长的亲人!"韩文亮站在山中,看着漫山遍野的栗子树,十分动情地说。有时候,她真觉得自己就是一棵栗子树,是五指山村里的一棵栗子树,坚韧、顽强、朴实地生长在这片土地上。

栗农家庭出身的韩文亮,曾一心想走出大山到外面去生活,没想到有一天真的走出去了还会再回来。

小时候,她家后院有一棵百岁栗子树,可她和弟弟捡到栗子却从来舍不得吃,哪怕是只有一个,也要卖到供销社去,因为他们要靠卖栗子换来学费。每次把油亮的大栗子放到供销社的柜台上,她和弟弟都眼巴巴地看着,舔着干涩的嘴唇,空咽口水,心中有个强烈的念想——逃离。在她朴素的认知中,似乎逃出村就远离了贫穷,至于去哪里,她还不知道。当高中历史老师在课堂上描述香山的红叶多么美时,她找到自己要去的地方了。于是,她一有机会就去北

第 ❷ 章　　淳朴善良的山里人

京，去实习，去做志愿者。韩文亮大学毕业后的第一份工作的地点也选在了北京。

当韩文亮终于要在北京站住脚，要和生她、养她的青龙小山村彻底告别时，她的想法却在不知不觉中发生了改变。当然，这种改变还是因为板栗！

北京的街头有很多卖糖炒栗子的店铺，却没有青龙板栗的踪迹。韩文亮在感到难过的同时，又觉得十分不甘。那时他们有个名叫"秦皇岛人在北京"的微信群，她经常在群里自豪地向大家介绍青龙板栗多么多么好吃，许多群友也一同感叹在北京怎么就吃不到。2014年，她从北京回到秦皇岛市主城区工作。离家近了，她周末就返回青龙老家帮忙。那时，她的父母正在老家做板栗生意，帮全国各地的炒货店铺代收青龙栗子。有一天，在青龙栗子收购高峰期时，来了一位老板，说今晚有多少收多少。乡亲们很高兴，一传十，十传百，都跑过来卖栗子，很快就排起了长龙。可是，到凌晨两点时，老板却突然说收够了，不收了。后面还在排队的乡亲们有些蒙了，他们你看我，我看你，嘟囔着，这么多栗子没卖出去，又没有冷库保存，不及时卖掉就会脱水了，要是放不好的话，全都得坏掉，一年的收成就得打水漂，有几个乡亲说着说着抹起了眼泪。

这一幕深深刺痛了韩文亮。她多么希望家乡的栗子永远不愁卖，不再受制于人，栗子掉下树就能变成钱，家乡的父老乡亲们再也不为卖栗子发愁。

她在这一刻，动摇了，很想放弃市里的工作，回老家来，专门做栗子生意，只为了能让乡亲们有话语权。可她最终还是下不了决心。

2021年，韩文亮等待的机会来了。青龙县委县政府为鼓励农民增收致富，提出"三级书记抓电商"，出台了各项惠农政策。得到消息后的韩文亮欣喜若狂，第一时间辞去工作回到了村里，接管了父母的板栗生意。在县里的安排下，她到杭州阿里巴巴学习了直播运营知识，参加了"青龙首届电商直播网红大赛"。学会了电商的基本技能后，她满怀激情地开启了创业之路。

那真是一段刻骨铭心的记忆。

2021年10月25日，韩文亮参加了淘宝的助农活动，要提前把青龙板栗等商品上架到小黄车，等10月26日零点活动开始后，消费者就可以下单了。25日的晚上，她和弟弟等到11点多，弟弟实在坚持不住了，先睡了，只剩她一个人在椅子上忐忑不安地坚守着。她把电脑音箱、手机音量开到了最大，竖着耳朵倾听着……26日零点

第 ❷ 章　　淳朴善良的山里人

板栗树下的新一代栗农（右二为韩文亮）

整，电脑和手机同时响起来，那声音就像最美妙的音乐，在寂静的深夜给了韩文亮无尽的鼓舞，她又惊又喜，大声喊起来熟睡的弟弟："快起来，真有订单！"弟弟睡眼蒙眬地被她拉到电脑前，目不转睛地盯着不断跳出来的订单通知，在此起彼伏的"叮当"声中，好一会儿才回过神儿来。

那一夜的订单累坏了两台打印机。快到天亮时，其中一台终于不堪重负，"罢工"了。订单实在太多了，怎么办？最后，还是发挥了村集体的力量。村书记紧急发动了100来位乡亲帮忙,有的称重,有的打包,有的贴快递单,现场十分忙碌。大伙儿一直干了40多个小时,才把5万单板栗全部发出。

这场空前的活动,恰似一声鸟啼打破了山里的沉寂。第二天,县里的、镇里的、村里的干部都赶来为韩文亮鼓劲。韩文亮对自己更有信心了,更加明确了努力的方向——电商直播卖栗子,她要在电商直播上多学习,敢突破,并要严把质量关,树立起青龙板栗的品牌。

韩文亮凭借着电商这股东风扬帆远航,做起了新一代栗农,她的直播间名叫"栗如初恋"。她一路打拼,逐渐摸索经验,成了村民眼中的直播达人、网红明星。为了帮助更多姐妹实现创业心愿,2021年底,韩文亮在直播间里成立了"栗姐微家",专门针对村里的姐妹开展微活动、提供微服务、满足微需求。2022年初,韩文亮被吸纳为五指山村妇联执行委员会委员,专门负责全村的电商工作。她又把一些优秀的姐妹聚集在了一起,成立了"栗如初恋姐妹团妇联"。她说:"姐妹们在一起抱团创业,才更有前途。我要把'栗姐微家'打造成培训课堂、网上直播间,帮助村里的妇女学会电商。"

韩文亮说:"当我第一次得知要代表家乡在央视王牌栏目《央视

第❷章　淳朴善良的山里人

财经》以演讲的方式推荐青龙板栗时,内心很复杂,忐忑与兴奋同时涌上心头。"这是一个备受瞩目的全国性平台,无数双眼睛将聚焦于此。韩文亮担心自己不能胜任这份重任,不能将家乡板栗的独特魅力完美地展现给全国观众,她也害怕因为自己的表现不佳,而辜负了家乡人民的期望,影响了家乡板栗的声誉。这种忐忑让她在准备阶段就倍感压力,她把每一个细节都斟酌再斟酌,每一句话都精心打磨再打磨,对着镜子练了一遍又一遍表情、手势,生怕出现一丝差错。

随着准备工作的深入,韩文亮感受到了肩上的那份责任更重了。青龙板栗是家乡的瑰宝,它承载着家乡栗农们的辛勤汗水和深厚情感。她意识到,她不仅是在为一种农产品代言,更是在为家乡栗农们的幸福生活增添信心和动力。这份责任让她内心充满了力量,使命感驱散了忐忑,韩文亮的信心更足了。

带着这份对家乡板栗的深刻认识和责任担当,韩文亮走上了央视的舞台。"当聚光灯亮起,我仿佛看到了家乡的山川田野,看到了栗农们淳朴的笑容。那一刻,我不再紧张,我充满自信地向全国观众介绍青龙板栗的美味与魅力。我希望通过我的推荐,能够让更多的人了解青龙板栗,爱上青龙板栗,从而为家乡的经济发展带来新的机遇。"

节目成功播出，引起了全国观众的广泛关注。更多的人通过这个节目知道了韩文亮，知道了青龙板栗。节目播出后，韩文亮个人的视频号和淘宝店猛增了许多新粉丝，有许多人互动留言，说要不是在央视舞台看到她、要不是听到她讲，还真不知道青龙板栗这么好，着急地从她这里下单想快点把板栗邮到家亲口尝一尝。

随后，韩文亮越来越频繁地踏上央视的舞台，《经济半小时》《新闻周刊》《乡约》……每一次站在全国最权威媒体的舞台上推荐青龙板栗，对于韩文亮来说都是一次心灵的洗礼和成长。她从忐忑中学会了勇敢面对挑战，从责任担当中体会了奉献的价值。

2024年板栗成熟的季节，韩文亮家又迎来了央视《三农群英汇》栏目组的记者团队，他们在青龙待了5天，对韩文亮这位板栗树下长大的姑娘进行了深度采访。韩文亮说，她会继续努力，让青龙板栗的芬芳飘向更远的地方。

就这样，韩文亮用她精彩的创业故事感动着越来越多的人。随之而来的还有数不清的荣誉：全国"最美家乡人·突出贡献奖"、"秦皇岛板栗电商营销奖"、"乡村振兴致富带头人"等。但这个朴实的山里姑娘，从来不在乎头顶有多少光环，她更在意脚下的路！她觉

第❷章　淳朴善良的山里人

板栗姑娘的心愿

2024年10月25日
21:11
中央广播电视总台农业农村节目中心
三农群英汇特别策划
板栗姑娘的心愿

得这些荣誉不属于她自己，如果县里没有好政策，她不会回乡创业，也就没有今天的发展。

这只是开始！未来，她想把全村人都带动起来，让所有的栗子都能在线上卖掉，让全世界各国的人都能吃到青龙板栗，让村里的妇女都能有喜欢的事做，让家乡变得越来越富裕，让在外面的青龙人都愿意回来……

京城回乡的逐梦人

在时代的浪潮中,总有一些人敢于追逐梦想,殷雨晴便是其中的一位,她在板栗产业上走出了一条越来越宽广的路。殷雨晴是秦皇岛华村食品有限公司的创始人,短短几年间,她通过直播和短视频,把"皇的"板栗品牌推向了更广阔的市场,自己也一跃成为河北省乡村振兴的青年先锋人物。

然而,谁能想到,就在几年前,殷雨晴还只是一位在北京经营快餐店的普通小店主。那时的她,日复一日地应对着都市的忙碌,心里却常常牵挂着家乡的板栗树。这一路,她是经历了怎样的艰难,凭燕山深处一颗颗小小的板栗,打拼出了如今的辉煌?这一切都要从她回乡的那一刻说起……

一颗板栗的思念

殷雨晴,是土生土长的青龙姑娘,她的老家是河北省青龙满族自治县朱杖子乡。每到秋天，满山的栗树都结满了板栗，家家户户都靠这些栗子换取一年的生活费。段雨晴的童年几乎与栗子密不可分，她的父母常说："这板栗树就是咱们家的饭碗。"

大学毕业后，殷雨晴选择留在北京和丈夫一起经营快餐店。快节奏的都市生活让她逐渐适应了与家乡的分离，但每到栗子丰收的季节，她的心情总会变得不安。栗树的清香、板栗的甘甜，常常让她在深夜里想念。

一个秋日的午后，殷雨晴回到了家乡。她走在山间小路上，望着熟悉的板栗树，心中升腾起了一种莫名的情感。这些板栗，承载着她的童年和家乡人的希望，而此刻，它们却没有在更广阔的市场上得到应有的认可。

"为什么北京的糖炒栗子就能卖那么贵？而家乡这么好的栗子，却卖不上好价钱？"她边走边思考。

这次返京，殷雨晴带上了青龙的板栗。在老家，乡亲们淳朴热情，家家户户要是有好吃的都会放在炕边上，谁来串门就一同分享，这个习惯殷雨晴也一直保持着。她将青龙板栗放在了快餐店里的桌子上，免费让顾客们品尝。也正是这一次的分享，为殷雨晴日后返乡创业埋下了一颗种子。

那一颗颗饱满的栗子,散发着独特的清香,客人们品尝后赞不绝口,纷纷说比有些糖炒栗子店里的还要好吃。渐渐地,殷雨晴店里的板栗从最初的小袋赠送,演变成了经常有人主动大量购买。

这让殷雨晴陷入了沉思。或许家乡的板栗,真的有更大的市场潜力?那个下午,她静静地坐在快餐店的角落,望着一颗颗饱满的栗子,内心深处生出一个念头——回家乡,把这么好的栗子推向更广阔的市场!

回乡的抉择

回乡创业,这个想法在殷雨晴脑海里盘旋了很久。北京的生活虽然稳定,但她始终觉得自己与家乡的联系未曾割断,栗子不仅仅是她童年的记忆,更是家乡村民赖以生存的希望。

经过几番深思熟虑,她决定放弃北京的快餐生意,回到家乡青龙,开启她的板栗事业。这个决定让周围的人都感到震惊。家乡的生活条件远不如北京。"辛辛苦苦上大学,不就是为了走出大山,有个更体面的生活吗?再说了,创业的风险是不可预见的。"亲戚朋友们劝她三思。她的丈夫也有些犹豫,担心创业的路上困难重重。

但殷雨晴的心意已决。"认定的事不去做,那种感觉很痛苦。"

她对丈夫说。

在她坚定的眼神中,丈夫最终选择了支持。于是,2017年,小两口关闭了北京的门店,带着满腔热情和希望,回到了家乡青龙,开启了他们的板栗创业之旅。

初创的艰难

回乡后的生活,远比他们想象的艰难。

资金不足、销路不畅、设备简陋,每一步都充满了挑战。最初,殷雨晴在村头路边搭了一个简易的小棚子,作为板栗的代收点。没有筛选设备,她就买了筛子,一个个手工筛选,很费体力。

更大的问题在于村民对殷雨晴并不十分信任。虽然她是本地人,但大家都对这个从北京回来搞生意的年轻人持观望态度。村民宁愿将栗子卖给熟悉的中间商,也不愿意卖给她。

为了打破僵局,殷雨晴挨家挨户地去和村民沟通。她说,她愿意以更高的价格收购板栗,她少赚点,让大家多赚一点。她的真诚和坚持,逐渐打动了一些人。渐渐地,她的口碑越来越好,也有越来越多的村民愿意将板栗卖给她。

即便如此,殷雨晴生意的进展依然缓慢,这次的阻碍是物流。她尝试将板栗通过电商平台销售,但因为青龙交通不便,物流配送问题十分棘手。青龙板栗必须先运到秦皇岛或唐山,再发往各地。高昂的运输成本让殷雨晴的利润空间越来越小。

最糟糕的一次,是殷雨晴已经收购了大量板栗,而大客户却突然取消了订单。此时,还有村民排着长队等着卖栗子。收,还是不收?望着正在焦急等待的乡亲们,她的压力倍增。

"丫头,快点收吧,不收这栗子就得坏啊!"一位年迈的村民焦急地说道。

殷雨晴望着村民手中的栗子,那是他们一年的劳动成果,也是她必须承担的责任。虽然手头没了大订单,不能很快出手,她也和丈夫咬了咬牙,决定把所有村民的栗子收下来。哪怕没有现成的线下客户,他们也要想办法,试着线上直播卖掉这些栗子。

这一决定虽然冒险,却在无意间开启了她的电商之路。

电商破局与品牌崛起

自 2021 年起,青龙开始大力推动电商发展,通光纤、修路、建物流中心,改善了基础设施,降低了物流成本。殷雨晴敏锐地抓住了这一契机,迅速开设了天猫、抖音、拼多多等电商平台旗舰店,开始利用短视频和直播的方式,向全国各地的消费者展示青龙板栗的独特魅力。

她在直播中亲自剥栗子、讲解板栗的种植过程,甚至带着手机到山林中直播收栗子,向观众展示青龙板栗的天然与高品质。凭借她真挚的表达和对产品的自信,殷雨晴的直播吸引了大量观众,线上销售额直线上升。

很快,她创下了"10 秒钟售出 2 万多单"的记录,成了电商平台上的一颗新星。她的板栗品牌——"皇的"板栗开始在全国范围内有了知名度。

然而，电商的成功也带来了新的挑战。板栗是季节性产品，每年销售窗口期短，如果销售不及时，库存压力会非常大。为了解决这一问题，殷雨晴开始将目光投向板栗的深加工领域。当时县内没有相关的深加工企业，她只能将鲜板栗运到外地加工企业进行储存和深加工，生产出板栗糕点、栗子粉等产品，这样可以适当延长销售周期。

2023年，青龙的板栗深加工项目终于落地，这让殷雨晴的板栗深加工产品可以本地化生产，大大降低了运输和仓储成本，也让她的板栗品牌知名度得以进一步提升。殷雨晴会将节省下来的成本返还给栗农，这也使殷雨晴所在村里的板栗价格始终保持全县最高。

有了更多的责任

如今，殷雨晴已带动了青龙251个村的栗农实现了增收。她的成功不仅改变了自己的人生轨迹，也改变了家乡父老的命运。

那些曾经质疑她的村民，如今都对她竖起了大拇指。她用自己的坚持和努力，证明了只要有梦想，就能在平凡的土地上开辟出不平凡的道路。

未来，随着物流基础设施的进一步完善，板栗产业将走向更加广阔的市场,而像殷雨晴这样的逐梦人的故事,不仅是一段个人的创业传奇,更是一段关于奋斗与梦想的乡村振兴篇章。

收购板栗的场面

第三章 敢闯敢试的探路人

　　凭借生态优势,依托品质保证,注入现代科技,青龙板栗产业实现了从传统向现代、从田间到工厂、从农家到网络的飞跃。板栗产业成为青龙主导产业,凝聚了决策者的殷殷情怀、领路人的孜孜不倦和耕耘者的勤劳智慧。

"满栗香"香飘万家

2024年9月,我们走进了青龙最大的板栗深加工企业——百峰贸易有限公司。"满栗香"是其产品的商标,在名字上把栗子的香气具象化了,读起来朗朗上口,还结合了当地的民间传说,深得消费者喜爱。在公司,碰巧见到了一位国际友人,日本林万昌堂株式会社第四代掌门人林雅彦。

青龙板栗深加工龙头企业——百峰贸易有限公司

第❸章　敢闯敢试的探路人

"青龙就是我的第二故乡。1993年,我第一次来到青龙,当时是随同岳父来采购板栗的。青龙的板栗堪称宝藏。我的岳父林庆一是林万昌堂的第三代掌门人,我们公司在日本经营糖炒栗子,选用的全部是青龙产的板栗,因为青龙板栗口感好,甜度高,深受食客喜爱。这也是我们企业能持续经营这么久的主要原因之一。岳父去世后,我们遵照他的遗愿将他骨灰的一半葬在了青龙八道河镇大转村的栗树下。自1993年起,我每年都会来青龙收购板栗,同时也是来祭拜岳父。我非常感激青龙!"林雅彦先生深情地说道。

林万昌堂是日本京都地区最有名的糖炒栗子专门店,成立于明治七年(1874年),至今已有150年的历史,被誉为"日本板栗界的天花板"。林万昌堂在日本有4家店面,在中国上海静安寺附近的久光百货还开设了一家分店。百峰贸易有限公司是林万昌堂的供应商。每年栗子成熟时,林雅彦先生都会在青龙住上一段时间,边收购栗子,边与青龙的老朋友叙叙旧。

百峰贸易有限公司的创始人韩云庭黝黑健硕,目光中透露着质朴和坚定。1984年,韩云庭中专毕业,被分配到青龙的外贸公司工作,他在车间待过,还干过财务,后来担任冷冻厂厂长,其间他与板栗结下了不解之缘。他印象最深的事是1995年的赴日考察。"当时，林万昌堂、石井、汤浅等公司都热情地招待我们，高挂欢迎条幅，老板亲自接待，这都源于他们对青龙板栗的认可，这让我为青龙板栗感到自豪！"韩云庭回忆道。

当时，石井公司有多个店铺在经营青龙板栗，加工后板栗的售价竟比国内高出十几倍。这让韩云庭很惊讶，由此他深刻认识到了青龙板栗的品质与市场潜力。

2002年国企改制时，韩云庭没有像其他人那样恐慌或伤心，而是带着一群下岗的职工共同创立了百峰贸易有限公司，顺利接过了

百峰贸易的生产线

青龙板栗的日本出口权，在板栗出口量最高的年份共出口板栗7000余吨。

2021年是韩云庭无法忘怀的一年，也是百峰贸易有限公司发展的一个重要里程碑。

韩云庭习惯于传统的买栗子、卖栗子的基本贸易模式，可这让公司的业绩不温不火。在他迷茫的那一年，青龙县委县政府提出了"龙头企业带动，特色产业集群发展，电商物流品牌赋能，群众增收致富"的发展思路。板栗作为全县五大特色产业之一，得到了前所未有的支持。经县委县政府多次协调，江苏省射阳县将"青龙"商标专用权免费转让给了青龙，结束了青龙26年无区域公用品牌的历史。青龙还推出了"板栗贷"金融服务，支持龙头企业深加工，推广标准化种植；创建电商物流产业园，建成县、乡、村三级物流体系，培养出了4000余家网络店铺，打通了板栗的出山通道。

县里的这些利好政策燃起了韩云庭心中的希望之火，坚定了他的改革信心。在县直职能部门的帮助下，他对百峰贸易有限公司重新进行了定位与规划。

在种植环节上，百峰贸易有限公司在青龙的15个乡镇建立了31万亩板栗生产基地，生产基地板栗的年产量共达1.5万吨；在收购环

"满栗香"产品参加 2024 世界品牌莫干山大会（左一为韩云庭）

节上，公司完善了《板栗保护价购销合同》，为栗农制定保护价，稳定并扩大板栗供应渠道；在储藏环节上，建设了 3 万平方米的冷藏库，实现了板栗的分类冷藏；在加工环节上，扩建了 4 个生产车间，升级了 6 条电气自动化生产线，年加工能力达到了 3 万吨，开发了开口栗、甘栗仁、冰栗、绵绵栗等 90 余种产品，把栗花和栗树枝也开发成了周边衍生品；在销售环节上，线下与线上同步推进，在线下青龙板栗出口到了日本、匈牙利等 20 余个国家和地区，与盒马鲜生、举个栗子等大品牌公司建立了战略合作关系，在线上与多家电商直

第❸章　敢闯敢试的探路人

播平台合作；在品种选育环节上，专注于选中晚熟栗子，据韩云庭介绍，栗树树龄越大，根系越发达，吸收的土壤营养越丰富，老树的果实内营养成分更丰富，果皮更薄，口感更醇和、甜度更高、韵味更足。

冰栗的问世具有重要战略意义。糖炒栗子是栗子的经典吃法，要想获得好的口感就会受到季节的限制，中秋到清明期间的糖炒栗子才好吃。进入夏季，就到了糖炒栗子的淡季，许多商户只能苦撑到秋季才能迎来较多顾客，这在一定程度上影响了经营效益。这时，冰栗就顺势而生了。技术人员反复实验，对蒸煮后的板栗预冷，再利用液氮进行低温急冻，这样快速的冷冻过程可以让板栗内部的水分形成细小且均匀的冰晶，不会破坏板栗的细胞结构，最大限度地保持了板栗的口感、色泽和营养成分。冰栗香甜不减、冰凉清爽，别有一番风味，它的出现打破了季节的束缚。一经推出，冰栗便俘获了众多食客的心，被誉为"树上的冰激凌"。可以说，冰栗真正开启了百峰贸易有限公司由初级农产品代工向面向消费者转型的大门。目前，百峰贸易公司年销售额超过 1.5 亿元，年出口创汇超过 300 万美元，为当地栗农提供了 2200 多个就业岗位。

除了在板栗生产的各个环节下功夫，百峰贸易有限公司也非常

重视对青龙板栗文化的挖掘与传播，建设了"青龙板栗"博物馆，在县内知名的"山海间"温泉度假区利用老栗树和长城资源打造了"秋山度·栗"板栗公园。这一举措使得老栗树品牌与青龙丰富的山水人文旅游资源深度融合，也为公司的长远发展提供了动力。

百峰贸易有限公司通过自身的发展和壮大，不仅推动了青龙板栗产业的发展，也为当地百姓带来了实实在在的利益。许多栗农盖起了新房，买上了汽车，过上了幸福的生活。

韩云庭说："板栗产业它承载着全县乡村振兴的发展之梦，承载着满乡的民俗文化与乡土深情，是打造特色农业强县的重要支撑，百峰贸易作为全县最大的板栗龙头企业，必须在深加工市场上占据主动权，将'满栗香'系列产品打造成消费者心目中的首选。"

百峰贸易与盒马鲜生签约（右一为韩云庭）

板栗引领的杂粮主食新"食"尚

"在旗",在清朝是指隶属于八旗。旗人在政治、经济、社会等诸多方面享有一定特权,有自己的俸禄、旗地等,他们在军事上承担一定的职责,是清朝统治的重要军事和社会组织力量。如今,"在旗"是青龙满族自治县双合盛生态农产品有限公司杂粮主食系列产品的商标,通过杂粮与板栗跨界组合,引领杂粮主食新"食"尚。

破局:从无到有的初探

双合盛生态农产品有限公司董事长张胜利,56岁,相较于同龄人显得更稳重、内敛。提起创业,他说,是源于童年的味道。

张胜利家祖祖辈辈都在板栗树下辛勤劳作,板栗也就成了家常便饭。而青龙过年还有个习俗,就是家家户户都要包黏豆包,因为是过年吃的,也叫"年豆包"。黏豆包是一种满族传统食品,方便携带易储存。黄澄澄的豆包上面点着红点儿,代表着老百姓期盼一家人团团圆圆，来年的日子过得红红火火。

于是，板栗和黏豆包这两种味道伴随了张胜利的整个童年。

长大后，张胜利头脑活络，和弟弟张全利一起在乡里开起了小超市，这一开就是19年。他们经常到县外进货送货，常有人托他们买黏豆包和青龙板栗，从中他们敏锐地嗅到了商机。

黏豆包虽好，却只是当地人自己做、自己家吃，没有规模化的生产企业。张胜利渐渐萌生了做黏豆包加工企业的想法。

2012年，兄弟二人不顾亲友反对，毅然将超市转型成黏豆包加工企业，还给豆包起了个有满族特色的名字——"在旗"。说是企业，由于规模小，更像是一间"作坊"。

任何事情从"0"到"1"的转变都是充满艰辛的，从供应链的搭建、设备的购置，到工艺的研发、市场的开拓，其间的挫折与艰辛，是远非外界所能想象得到的。

"在旗"黏豆包在青龙县内认可度非常高，大家觉得口味纯正，但是出了青龙却并不被客户广泛接受，复购率低。通过调研，张胜利发现，问题出在地域饮食习惯上。黏豆包的面需要发酵10个小时，青龙人喜欢这种略带酸味的口感，但是其他地方的消费者却很难接受，甚至认为是食品变质了。张胜利带着"在旗"研发团队，从和面的水量、醒发温度、时间等细节着手,进行口感改良。"既得让面发起来,又得让面不发酸。"张胜利说。经过反复试验,口感改良很是成功,"在旗"黏豆包获得了更多客户的认可。

张胜利说:"现在人们的生活条件好了,越来越注重食品安全和营养价值,'在旗'要做就做绿色原生态,就做真材实料的健康食品!"从面粉、豆馅、糖等主要食材着手,"在旗"坚持用有机黄米、看得着豆皮的红豆馅、纯正的白砂糖作为原料,水也选用青龙的高山深泉水,绝不放一滴甜蜜素。

道路虽曲折,但结果是好的。靠着过硬的食品工艺和真材实料的诚信,有着独特口感和品质的"在旗"黏豆包逐渐赢得了市场的认可,公司也在杂粮主食行业站稳了脚跟。

然而,豆包的市场却受到地域与时令的限制,客户主要集中在北方,且销售高峰期通常是在春节前后。这使得张胜利他们感到忧虑,生产淡季工人怎么办?公司的长远出路在哪儿?

县农业农村局带着他们走出去寻找解决办法,到国内知名主食企业学习调研。这些企业先进的管理经验、品牌建设和产品研发创新方法等都让张胜利很有触动。特别是他们关于食材原料搭配的创新方式(例如,他们加入了一些具有特殊口感或营养的食材,融合了新的口味，突破了传统的食材组合），让张胜利思索许久。

打开了眼界的张胜利回来后，提出了一个创新的想法：将青龙的优质板栗与品质出众的杂粮结合起来，走产品多元化之路。

张胜利说之所以有这个想法，主要是基于3个方面的原因。一是作为土生土长的青龙人，张胜利对板栗非常熟悉，板栗的味道就是他童年的味道，"春赏栗花，秋吃果"伴随了他的整个成长历程，他想把这份家乡美食分享给更多的人；二是青龙板栗品质优良，色泽金黄，口感香甜，可塑性强，可与多种食材搭配，在形与味上都可为菜肴增色不少；三是青龙板栗种植面积广，可保证公司的货源充足。

张胜利的这一想法一经提出，便得到了大家的一致认可。县里的相关部门也主动帮助公司进行技术研发。从最初尝试将板栗加工成面粉、馅料，再到把它作为配料巧妙地融入其他各类食材当中，他们反复研究，反复试验。

功夫不负有心人，最终他们成功研发出了以板栗为核心的栗丁系列产品，涵盖了栗丁窝头、栗丁全麦红豆包、栗丁玉米包等数十种丰富多样的产品。这些产品既完好地保留了板栗的天然风味和营养成分，又独具新颖的造型。栗丁系列产品一经推出，立刻走俏市场。最让张胜利难忘的是，当年端午节的"板栗粽"订单在正月的时候就已经排满了。随后，他们又在在国内杂粮主食行业首次提出"零添加"，做低 GI 食品（血糖生成指数 GI 低于 55 的食品）。

板栗与杂粮的成功组合，丰富了产品种类，一举打破了时令及区域的限制枷锁。自此，"在旗"踏上了全新赛道，向着更广阔的市场大步迈进。

展翼：从小到大的拓展

然而，伴随着业务的快速增长，公司粗放型的管理模式使企业

"在旗"栗丁杂粮主食生产线

陷入了管理的盲区。工厂现有的生产能力难以应对日益庞大的订单量。对于一个由一对农民兄弟在大山里苦苦撑起的食品加工企业来说，思想和胆识是制约企业发展最大的因素。

张胜利说，自己的运气着实不错，就在他犹豫不决、不知何去何从之时，阿里巴巴驻青龙的乡村振兴特派员伸出援助之手，把张胜利推荐了到阿里巴巴总部。经审核，阿里巴巴认为"在旗"是成长性好的企业，且张胜利的素质较高，要送他到长江商学院学习。在长江商学院里，张胜利系统地学习了管理学和经济学知识，受到了许多成功案例的启发，结识了来自全国各地的企业精英，在学习、交流过程中，张胜利明显感觉到自己思路开阔了，对企业的发展路径明晰了，人脉广了，扩大产业规模的决心也坚定了。

思想和胆识的问题解决了，但具体推进项目时，资金、用地都是难事。2021年，公司所在地龙王庙乡"撤乡设镇"，对企业的支持力度再一次加大，用地问题解决了。镇里帮他们向县农业农村局申请到了乡村振兴衔接资金。接着，在县里的协调下，公司在全省首创了以商标贷款，来解决融资难的问题，并且在审批上也一路绿灯，7天完成了县直多个部门的手续。在工程建设、技术创新上，县里全力支持，6个月完成了全部工期。年产值2亿元的板栗杂粮主食新项目投产了。

规模扩大了,生产能力增强了,开拓市场的新难题又出现了。各地的杂粮企业之间出现了激烈的供应链竞争,产品的成本越来越高,拓展新销路迫在眉睫。

在公司犯难的时候,县里又及时送来了春风,不仅带着他们参加广交会、进博会、"良之隆"武汉展会等活动,巩固国内市场,还积极为企业打开和对接海外市场,于是"在旗"栗丁系列产品出现

"在旗"杂粮主食系列产品参加广交会(左二为张全利)

在了印度、新加坡等国家的国际展会上。

时至今日，"在旗"杂粮主食已拥有 11 大类 65 小类产品，仅栗丁系列就注册了"在旗新动栗""栗好多""影响栗""鼎栗""得栗""栗恋"等多个产品商标。其中，速冻锁鲜、开袋即食的冰冰栗产品便是创新成果之一。公司先后通过 ISO9001、ISO22000、HACCP 等多项认证标准，并加入了中国食品（安全）追溯平台，还申请了多项专利，参与制定了新的行业标准，获得了多个出口认证。"在旗"杂粮主食系列产品荣获第 106 届美国巴拿马太平洋万国博览会（中国区）金奖，在国内的北京、上海、深圳等 100 多个城市有售，进驻了盒马鲜生、胖东来等大型超市，甚至还远销至日本、英国、美国、加拿大等 19 个国家和地区。

在北京冬奥会和冬残奥会期间，公司还被指定为"供应保障单位"。冬奥会上，"在旗"黏豆包广受各国运动员的喜爱，被亲切地称为"香喷喷的黏豆包"。这让张胜利尤为自豪。

飞跃：从强到优的奋进

在不断探索与创新的过程中，"在旗"的产品不仅赢得了市场的认可，更奠定了它在行业内的领导地位，由此步入了发展的快车道。

第❸章 敢闯敢试的探路人 / 073

"在旗"杂粮主食获第106届美国巴拿马太平洋万国博览会（中国区）金奖
（左三为张胜利，右一为张全利）

公司不仅在联农带农、农产品深加工等方面展现了卓越的能力和积极的影响力，还通过"公司+合作社+农户"的发展模式，与当地2000多户板栗种植户和1000多户红豆等杂粮原材料种植户共同建立了3000多亩生产基地合作社。这一模式不仅直接带动了龙王庙镇南瓜深加工等3个县级龙头企业的兴起，还间接形成了以加工带动贸易的全新产业链，为地方经济注入了新的活力。

面对成功，张胜利并未停下脚步，而是启动了更宏伟的发展计划。扩大生产规模、优化产品质量、加强品牌建设、拓展销售渠道，公司还要再一次进行产业升级。

2024年，对于"在旗"而言，无疑是一个绝佳的发展契机。为了推动杂粮和板栗产业的发展，青龙在美丽的青龙河畔，距离青龙县城约10公里、距高速公路出入口约10分钟车程的双山子镇，开工建设杂粮食品产业园。产业园一期占地380亩，总投资10.67亿元，建有综合服务中心、生产车间、高架仓库、高架冷库等基础设施，工程建设进展迅速，预计2025年可投入使用。

"在旗"一马当先，第一个入驻产业园，投资1.8亿元，建设7条先进的生产线。项目完成后，年产值有望突破20亿元，这不仅预示着企业将会有质的飞跃，还将为当地提供1000多个就业机会。

在施工现场，金秋的朝阳挥洒着光芒，披在忙碌的挖掘机上，也照在张胜利充满希望的脸上。他介绍说，县里谋划的这个杂粮食品产业园，是目前周边规模最大、功能最全的，未来还将成为周边省、区、市的杂粮集中交易市场。

张胜利感慨地说，自己是搬土疙瘩长大的，能有今天的日子，很感激党和政府。如今赶上了好时代，党和政府对农业的支持力度又这么大，作为龙头企业，公司没有理由不抓住机遇，奋力向前，

第 3 章　敢闯敢试的探路人　　　　／075

他一定会带着乡亲们共同走上富裕之路。

如今，在青龙这片充满希望的土地上，有许多像张胜利一样的人，正在用勤劳和智慧，书写着农业产业发展的新篇章。

"在旗"杂粮主食产业园

第四章 钟情青龙的痴情人

　　青龙的果农们不会忘记,在青龙板栗产业链条上倾心奉献的他乡人,为产业帮扶不遗余力奔走的乡村振兴特派员,用知识为板栗生长保驾护航的技术顾问,坚守品质、倾情助力的客商……他们来自不同的地方,却有着共同的目标。他们皆因板栗而结缘,皆为青龙而痴情!

板栗格格

遍布在青龙板栗林间的，不只是板栗，还有一个人的足迹；承载着栗农们的希冀与梦想的，不只是板栗，还有一个人，她就是刘琳，阿里巴巴派驻到青龙的乡村振兴特派员。

在青龙，刘琳与电商进行了绑定。在五指山村的栗子林里，几位栗农回忆着她；村里合作社的电商直播间的墙上挂着她的工作照；八道河60多岁的李大妈，也一直念叨着她的好："要不是刘琳，我不敢想我这么大岁数还能上网卖家里的栗子，这可比卖给收购站多赚了好几倍。"大家都亲切地称刘琳为"板栗格格"。青龙是满族人民聚居地，"格格"的称呼，是一种信任，更是一种期许。

刘琳，这位来自大连的女孩，之所以走进山城青龙，源于教育部的牵线，源于刘琳自己在阿里巴巴出色的工作成绩。2021年5月，刘琳带着阿里巴巴"热土计划"的热忱而来，带着立志改变帮扶农村现状的公益初心而来。

第 4 章 钟情青龙的痴情人

刘琳，年龄不大，扎着马尾，是一个青春靓丽的城市女孩。当时村里的好多人都说，刘琳只不过是来乡下镀金的。一个人初到一个陌生的地方，都会"认生"，方言土语、风土人情、劳作习惯，这一切都是初到青龙的刘琳必须面对的挑战。她每天在各村落间奔波，在田地里她蹲在地上与大叔一起拔草，在山上她挎着篮子与大婶一起捡栗子，在村民家里的炕头上她真诚地与村民唠着家常……

板栗格格刘琳与栗农在一起

短短 3 个月，她跑遍了全县的 24 个乡镇，对县情、民情、板栗种植、销售等做了全方面的了解。通过一段时间的调研，她发现尽管青龙板栗品质上乘，但是每一年到了采购季，都会被采购商压价收购，好栗子卖不上好价钱。

酒香也怕巷子深，要想打响青龙板栗的知名度，刘琳想到的第一步是拓市场。2021 年 9 月，在阿里巴巴"爱热土、益起播——助力乡村振兴"公益直播夜上，刘琳把青龙板栗带进了千万粉丝网红主播雪梨的直播间。"我要 5 份""我订 10 份"……板栗受到了线上消费者的热捧，在不到 2 分钟的时间里，1.2 万份的青龙板栗就被抢购一空。

刘琳并没有因为这一次的成功就此止步，而是选择继续前行。2021 年 9 月 8 日，她带着县里的板栗深加工龙头企业奔赴上海，舌战盒马鲜生，为青龙板栗博得了合作商机。"在青龙，您会看到，有一种颜色叫翠绿如玉；在青龙，您会感到，有一种呼吸叫森林氧吧；在青龙，您会闻到，有一种山珍叫青龙板栗！"在上海盒马鲜生总部，刘琳拿着青龙板栗地标产品，从独特的地理环境讲到良好的行业声誉。总部的工作人员纷纷现场试品，最终决定在上海先行试销青龙生板栗。随后，盒马鲜生派出专业团队到青龙实地考察，经过

第④章　钟情青龙的痴情人

了严格的预评程序后,青龙板栗终于成功入驻盒马鲜生,正式步入了国内高端市场。接下来,刘琳又定向为盒马鲜生研发了冰板栗、糖炒板栗老冰棒,补充了盒马鲜生每年夏季销售板栗的空档期,使青龙板栗的利润至少增加了30%,实现了青龙板栗由季节销售向全年销售的进阶。2021年9月14日,青龙与盒马鲜生签约,成为"盒马县"!盒马鲜生充分发挥了国内高端连锁超市平台的作用,从数字化农业基地到生鲜产业基地,再到盒马鲜生新零售门店的全链路数字化农产品供应链体系,全方位助力青龙板栗的上行供应、集散流通,实现了青龙板栗的标准化、品牌化、电商化。之后,青龙成功注册成为淘宝县,五指山村成为淘宝村。这是青龙传统农业与现代科技相结合的结果,通过创新商业模式为山区乡村振兴探索出了一条样板之路。

第二步是广宣传。2021年11月11日,刘琳带着青龙板栗走进了天猫联合央视财经共同推出的特别直播节目《2021天猫双11美好生活购物车》直播间,向全国的人民推荐青龙板栗,这也是通过中央级媒体让青龙板栗走进消费者视野中的重要一步。要知道,在"双11"这个网络购物节的重要时间点,广告费有多贵,有多少产品争着、抢着、排着队也要上央视。此节目一经推出,青龙板栗名声大振。

　　刘琳努力抓住各种机会，带着青龙板栗在各大平台亮相。在冬奥会上，她幸运地成了阿里巴巴推荐的 4 名火炬手之一，但她举着"奥运圣火"却讲述起了青龙板栗的故事；在义乌世界互联网大会上，她也在为青龙板栗"摇旗呐喊"。

　　第三步是建品牌。刘琳邀请阿里寻美团队，深入青龙的山水之间，融入历史人文，设计出多元统一、包容并蓄的"满意青龙"区域公用品牌，为青龙板栗设计了商标形象、店铺装饰，以及活泼的"栗小龙"卡通吉祥物等周边产品。2023 年 8 月 19 日，刘琳邀请央视的《乡约》团队，在青龙民族文化广场举办了盛大的"热土中国行·相约青龙"大型公益直播活动,全方位、高端化地向世界宣传推介"画境诗天·满意青龙"。同期还隆重举办了"满意青龙"农产品公用品牌发布会。活动全程通过农视网、农视 NTV、三农头条客户端、今日头条、百度、抖音、微博、知乎等十多家平台联动直播,超 1200 万人在线收看。随后,在中国品牌农业高质量发展大会(雄安)上,"满意青龙"区域公用品牌摘得了新锐榜的桂冠。

第四步是教技能。在青龙,越来越多的年轻人响应"三级书记抓电商"的号召返乡创业,苦于对电商了解不多,开局很艰难。刘琳了解后,发挥她的工作专长,从选品到直播间建立,再到淘宝助农活动引流,她都全程辅导。"乡村特派员的工作,不是救济式帮扶,更主要的是探索出可持续、可复制、可推广的帮扶模式。"随着对青龙的了解越来越深入,刘琳完成了由"输血"到"造血"的思想理念的转变,并在青龙得以实践,取得了丰硕的成果,得到了栗农们的高度认可。她充分发挥数字化管理的优势,建立本地电商人才培育体系,邀请淘宝大学专业讲师来青龙现场授课,为本地的电商企业、网红主播、有意愿的栗农提供免费的专业化、体系化培训,越来越多的农民开始尝试通过网络平台销售农产品。

在县发改局,和刘琳一起工作过的同志告诉了我们一串数字,代表了青龙板栗和电商的发展进程。目前青龙已经建立起了4000余家网络店铺,带动的电商从业人数达5000余人。自2021年以来,青龙板栗的销售增幅均保持在15%以上。2023年,青龙板栗的网络零售额已达22.58亿元,增长了20.4%,荣获"亚洲电商产业带示范基地"称号,成功跻身河北省数字生态"十强县"行列。

随着互联网消费升级,电商行业不断迭代,随之而来的快递运输问题困扰着栗农们。县政府在高速路口附近划出园区,开工建设都源湖电商物流产业园,通过"政府主导、邮政牵头、民营合作"的方式,企业的快递物流成本降低了25%,全县1公斤以下的快递费用由原来的5元下降到了2.5元。实现了上行和下行的高效物流运作,有效打通了农产品从产地到终端市场的"最后一公里"。

3万平方米的物流基地建起来了,县、乡、村三级物流体系贯通了,仓库中心、大数据运营中心、电商中心和农产品展示中心全面运营,菜鸟公司助力建起了200多个村级物流网点,电商设施越来越完善了。

青龙板栗插上了电商之翼后飞速发展,板栗格格的故事也启发着更多的人加入其中,在青龙,新时代乡村振兴特派员的精彩故事新篇章正在接力续写着……

板栗技术总顾问

风拂燕山，板栗满枝头。一个身影静静地伫立在铺满阳光的林间，微仰着头，目光深邃而专注，仿佛在与栗林进行着一场无声的对话。

这位来自山东沂水的汉子，是河北科技师范学院的教授、硕士研究生导师张京政。他有众多耀眼的头衔，河北科技师范学院板栗研究中心主任、板栗产业技术教育部工程研究中心副主任、秦皇岛市板栗产业协会会长、首批全国经济林咨询专家、河北省首批青年拔尖人才、河北省首批林业和草原科技领军人才、河北省科学技术协会智库专家（第一批）、国家级科技特派员。每一个称号的背后，都是张京政对板栗的专注与无尽热爱。

初次踏上青龙这片土地，张京政便被这里的环境所吸引，这里是板栗天然生长的黄金地带。望着成片成片的栗树林，他看到了这片土地上蕴藏着的巨大潜力。

从那一刻起，张京政便与青龙结下了不解之缘。他深入田间地头，仔细观察一棵棵板栗树，与栗农们倾心交谈，了解他们的需求与困惑。他深知，青龙的板栗，是这里的农民脱贫致富的希望，也是他实现农业技术价值的平台。

为了让青龙的板栗产业得以蓬勃发展，张京政付出了无数的心血。他深度调研后精心撰写了《关于大力发展板栗产业，促进栗农脱贫致富的建议》，这份建议如同一颗希望的种子，在青龙的土地上

张京政现场讲解板栗剪枝技术（右一为张京政）

第❹章　钟情青龙的痴情人

生根发芽。县委县政府对此高度重视，聘请他为"青龙板栗产业发展总顾问"。

张京政全身心地投入青龙板栗产业的研究之中。几年间，他走遍了青龙的全部乡镇，建立了29个板栗示范基地，举办了几百场的板栗高效管理技术培训班，耐心地为栗农们讲解板栗树的整型修剪、病虫菌害的防控、冬季施肥等。他亲自示范修剪，动作娴熟，修剪后的板栗树如同一件件艺术品，既美观又增产。

"青龙的板栗是大自然的馈赠。历史悠久栽植早，气候适宜好光照，微量元素真不少，外观油亮果皮薄，果个大小适糖炒，香气扑鼻赛仙药，秋高气爽糖度高，软糯香甜口感妙，脱贫致富显成效，多多食用永不老。"张京政说。

张京政深知青龙板栗的好，为了让青龙板栗的价值得到充分发挥，他不断创新，研发出了简单实用的板栗修剪技术——"抓大放小"。这项技术的出现，让栗农们看到了希望。他们不再为板栗树高修剪难而犯愁，老人和妇女也能轻松管理成百上千棵板栗树。肖营子镇上打虎店村的董文利，就是这项技术的受益者之一。他承包的200亩板栗园，曾经品种混杂，技术落后，一直处于低产低效的状态。但在张京政的指导下，仅仅一年时间，板栗园就大幅度增产，这引起了轰动。

在张京政的培训和指导下，参加学习并付诸行动的栗农，亩均增产50—100斤，亩均增收400—800元。2017—2020年，连续4年的严重干旱，造成青龙及周边板栗产区的板栗大面积减产，在这种情况下，新技术仍然表现出丰产的特性。2022年和2023年，受倒春寒、干旱的影响，板栗普遍减产，但张京政指导的板栗示范园不但没有减产，而且还在继续丰产。2024年，青龙应用新技术的板栗园，又取得了全面丰产。张京政的板栗技术在河北、北京、天津、辽宁、山东、河南、安徽、湖北、湖南、福建、广东、广西、云南、贵州、陕西等地的板栗主产区被广泛采用，有力地推动了我国板栗产业的快速发展，平均每年共带动全国的果农增收10亿元以上。

张京政不仅在技术上给予栗农们支持，还通过网络搭建起了与栗农沟通的桥梁。2016年12月，张京政在青龙的栗林里讲课，课后他精心制作了一个视频上传到了网上。一个栗农见到他时说："张老师，你的讲课视频我看了7遍，原来怎么也不开窍，现在照着做就会了。"栗农的话给了张京政很大的启发，他开始制作大量的技术视频，通过电视台、QQ群、微信群、微信公众号、朋友圈等进行传播。每到一个村庄讲课，他都会把自己的手机号告诉听课的农民，让他们加他的微信,就这样,他的课程受众群体从青龙栗农开始,发展到了全国栗农。张京政先后创建了27个板栗提质增效微信群,有7400人在群里学习,实现了专家与栗农的直接交流。通过微信群,他及时发布重大病虫害预警及防治方案、灾害性天气应急预案等,大大减少了板栗的生产损失。2019年5月15日,青龙的部分地区发生雹灾,张京政在群里看到消息后,马上写了《板栗树遭受严重冰雹之后的急救措施》一文发到了群里,这篇文章的点击量,不到两天就达到1.8万。这些"及时雨"一样的抗灾救灾文章,张京政这几年在群里发布了242篇。

  张京政是个"拼命三郎"。他几乎每个双休日都去青龙给栗农们传授新技术,不管严寒酷暑,不管冰天雪地,最多的时候一周往返3次。从河北科技师范学院到青龙,往返一趟就是200多公里。早上5点出发,晚上10点到家是常态。他吃饭更是简单,路边小店有什么就吃什么。为了给栗农培训,张京政还时常借宿老乡家,有时一住就是两个星期。

  张京政的科技扶贫课堂开在山坡上、田野里、沟壑间。2017年12月的一天,张京政给双山子镇的栗农们做培训,由于长期奔波劳累,他竟然晕倒在了栗园。人们把他抬下山,叫来了救护车,直接

板栗技术示范园

第 4 章　钟情青龙的痴情人

送往了医院。这也让他不得不休息了半个月，恢复后他又义无反顾地下乡培训。

2018 年 12 月 2 日，一夜的大雪让天地间一片银装素裹，三星口乡土台子村的栗农们怎么也没想到，张教授竟准时出现在了栗园中为他们指导冬剪，汽车行驶在大雪覆盖的山路上，该是多么危险！2018 年冬天，张京政带领学生们到五指山村指导冬季剪枝，尽管穿上了最厚的防寒服和羊皮棉裤，还是冻得脸通红，回家后他感冒了一个多月。

线下，张京政手把手不厌其烦地指导；线上，他也是随时随地远程指导。经常到了深夜，他还在群里回复着大家的问题。

张京政的敬业和奉献精神获得了栗农们的交口称赞，不知从哪天起，这位脸庞晒得黑如栗子皮的大学教授在栗农们口中有了另外一个名字——秦皇岛的"李保国"！

和李保国一样，张京政把田间地头作为

另一个课堂,把农家栗园作为实验室,把论文写在青龙大山上。多年来,他攻坚克难,用科技的力量让穷沟变富,让荒山变金山银山,为农民找到了脱贫致富、乡村振兴的"金钥匙"。近年来,张京政带领河北科技师范学院科研团队在青龙域内及周边地区选育出了"燕龙""燕丽""燕紫""燕秋""燕宝""燕凤"等6个省审板栗新品种、25个板栗优系,研发推广了8项栽培管理新技术。目前,在他的努力下,青龙板栗的良种覆盖率已经达到90%以上。他本人也先后成了市、省、国家级科技特派员,并先后获得河北省脱贫攻坚奖创新奖、河北省脱贫攻坚先进个人等奖励和荣誉称号。2022年3月,他还作为火炬手参加了北京冬残奥会火炬接力。

"为什么我这么多年都把精力放在青龙的板栗上?"张京政很认真地说:"我是农民的儿子,从小生长在农村,知道农民的苦。青龙的人好,板栗好,如果能够倾尽我的所学,让这里的栗农能用技术改变自身的命运,将会是我这一生中最幸福的事!"

张京政,这个钟情于青龙的痴情人,用自己的行动诠释了责任与担当。

只卖青龙板栗的炒货店

3 年前，在成都出差时曾在街头买过糖炒栗子，店门前有很多人排队，当时还拍了照片，觉得这家栗子真好吃。直到这回在青龙调研，才突然意识到成都那家店火是有原因的，他们用的正是青龙板栗。

排队购买青龙板栗的食客

2023年9月,中秋节前的周末,有幸再次来到成都出差。晨练完,又专程跑到心心念念的这家糖炒栗子店铺,仔细端详,招牌上醒目地写着"治栗工略",这是个大清早,结账的食客居然还是排着长长的队,放眼望去,年轻人居多。

"栗子是真好吃!杯子举在手中的感觉也很炫酷!"谈起来此排队买栗子的缘由,一位年轻小哥笑得很灿烂。刚出锅的糖炒栗子色泽光亮,装在印着复古风格的栗子图案的"蝴蝶"杯中,栗香顺着杯口悠悠飘散开来。哪怕还很烫手,他也边走边剥了一粒放进了嘴里。视觉和味觉交替冲击。"妈妈,这只熊猫好可爱。"一句稚嫩的童音传来,一个小姑娘手中托着一杯装有糖炒栗子的"熊猫"杯,那憨态可掬的"熊猫"确实萌得可爱。

"治栗工略"是秦皇岛鸿醇科技有限公司旗下的炒货店铺。鸿醇通过国潮风的创新,将糖炒栗子的手提袋变为手拿杯,从称重计量变为小份快食,这一切都在迎合着年轻人群的时尚需求。店内的产品令人惊艳,不仅注重外观设计,更注重内在品质。店里糖炒栗子的原材料全部采自青龙,并在糖炒栗子外包装的显著位置上打出了"青龙金标特选板栗"和"足49天白金糖化期"的标签。

往收银台旁边的桌上望去,整齐地摆着10杯糖炒栗子。"这是浙江刘先生定的头锅栗子，现在好多人都想抢我们的头锅，说是为了讨个好彩头。"店员小罗介绍到，刘先生是去年来成都玩，偶然买了一袋栗子，吃着好吃，一下子买了20份带走，并记下了店里的联系方式，每隔一段时间就会邮购一次。

青龙金标特选栗

聊起创业初衷，鸿醇的联合投资人时嵩介绍，当时3位年轻人因有着同样的创业梦想而结识，他们的目标就选中了炒货行业。合伙人之一姜杨曾在河北省外贸企业上班，接触板栗比较多，而在众多板栗中，他认为青龙板栗不论是在口感上还是在色泽上都占有优势。要想推出爆款产品，必须借助原材料品质的力量来吸引消费者。

原材料初步锁定了青龙板栗，接下来必不可少的是眼见为实，于是一场青龙行，开始了。当时正值端午，打开车门的一刹那，浓郁的栗花香扑鼻而来，闻香而望，目之所及的绿色皆为栗林，山上山下，房前屋后。转眼间走进了掩映于山间的青龙县城，一人、一锅、一把大铲，糖炒栗子的"人间烟火气"又是对他们的一次冲击和震撼，每条街都飘着栗子的香味。通过反复对比和选择，加上这一次到青龙的实地考察，鸿醇做出了只用青龙板栗的决定。

2020年，秦皇岛市的网红美食街秦皇小巷开设了第一家只做青龙糖炒板栗的店铺，因口感绝佳而一炮而红。2021年，他们受邀参加青龙板栗产业发展大会，与会人员座谈交流间，得知县里提出支持企业发展板栗深加工，提高附加值，实现企业和栗农双赢的发展战略。这一消息极大地鼓舞了鸿醇，坚定了他们继续深耕青龙板栗的决心。

他们的决定是对的，随后的两年间青龙对青龙板栗的宣传力度空前得大，人民网的板栗推介会、北京新华社总部的"新华·青龙板栗发展指数发布大会"、浙江的世界品牌莫干山大会中都出现了青龙

第 ❹ 章　　钟情青龙的痴情人　　/ 097

板栗的身影。随着青龙板栗声名远播，越来越多的人认可了青龙板栗的品质，仅仅两年时间，鸿醇的连锁店铺就走出了秦皇岛，开到了全国，开到了海外，销售业绩也越来越好。

人民网青龙农产品推介会

青龙板栗品质好、可塑性强。鸿醇深入推进板栗食品的多元化，开发了板栗甜品、饮品和冰品等 3 大类 60 多个品种的板栗食品，不断推陈出新。好吃且时尚的板栗赢得了广大消费者的好评，还意想不到地吸引来了大明星，这让成都旗舰店的糖炒板栗又火了一把。

2021年的一天，店铺突然迎来了大量顾客，他们都点了同一款板栗，一问还有不少人是专程从上海和深圳来的，他们说大明星鞠婧祎不久前在这里买了这款板栗，大家都是看了她在微博上分享的照片后来品尝同款的。自此，这里还幸运地成了网红打卡地，鸿醇顺势而为，又推出了一款全新的产品——油泼辣子栗子冰激凌。

每到板栗成熟的季节，时嵩都会在青龙住一段时间，不只是为了收购板栗，更是为了感受青龙那种浓浓的"栗情"。有一天，他的腿不小心磕到了，肿得老高，当地栗农看到后赶紧用栗壳为他煮了一盆热水清洗热敷，不到两天，他的腿就消肿了。这次的亲身经历，让时嵩看到了板栗的药用价值，他与相关的高校进行了联系，在校方的帮助下，用栗壳研发出了"龙栗茶"，"龙栗茶"不仅口感佳，还有清肺消炎的作用，于是药食同源的新品之路就这样开启了。

时嵩说，青龙是福地，不仅板栗好，县名也吉利，因此才联想到了给新产品起名为"龙栗茶"，名字有"龙"有"利"，是个好彩头。"龙栗茶"一经推出，非常受欢迎。沈阳的李先生，每月从店铺下单购买糖炒栗子和"龙栗茶"，还一再建议公司将连锁店开到沈阳。

企业不断地成长壮大，鸿醇越来越觉得原材料的品质对企业的命运起着决定性的作用，他们只用青龙板栗的决心更加坚定了。2023

年，鸿醇在青龙流转了 3500 亩栗山，作为公司的种植基地，从种苗到管理、培育，全程科学管护，致力于将青龙金标特选板栗的品牌做大、做强、做长久。

第五章 新时代的农业强县

　　青龙板栗实至名归。青龙板栗不愧为黄金产带的骄子、古老燕山的馈赠。新华指数,精准地捕捉板栗市场的每一丝波动,凭借其专业性和权威性,如同一盏明亮的灯塔,在复杂多变的市场海洋中为板栗行业赋能,为产业从业者提供清晰的方向指引。

　　口碑胜过金杯。借助龙头的带动,依靠科技的力量,以板栗为先锋,青龙特色农业昂首阔步,向着专业化、规模化、现代化的康庄大道奋勇前行,奏响农业强县的华丽乐章。

指数观察：
数字化工具赋能青龙板栗产业发展

在经济领域，指数是用于测定多个项目在不同场合下综合变动的一种特殊相对数。在100多年前没有互联网、没有电视的时代，指数最早诞生的目的是帮助投资者快速了解一篮子股票价格的变化，随后快速演化成了衡量市场表现和经济走势的重要工具。如今，指数已广泛使用于经济学和社会科学中，用来分析和揭示复杂经济社会现象的变化趋势及规律，帮助分析经济社会现象与其影响因素的关系。

随着全球数字化进程的不断推进，以及我国提出数字中国、数字经济、数字政务、"数据要素×"等理念，指数在客观评估、促进经济发展过程中的作用日益凸显，成为衡量城市经济发展水平、监测社会发展环境、提升区域形象、促进区域产业转型和可持续发展的重要工具。

第❺章　新时代的农业强县

中国经济信息社通过理论研究和多年实践积累发现，区域经济、品牌建设、产业升级和产业数字化之间有着相互影响的互动关系。围绕名特优农产品，从产业、品牌、数字化发展等维度建立系统化评价模型，可助力区域品牌打造、产业规划政策提升、产业数字化转型，从而最终实现评价、监测、推动区域特色产业发展的目标。

在此背景下，2023年，青龙满族自治县人民政府联合中国经济信息社共同编制"新华·青龙板栗产业发展指数"，以期通过板栗产业与数字的有机融合，以第三视角量化评价青龙板栗产业发展成果，强化产业品牌发展。

指数基于"创新、协调、绿色、开放、共享"五大发展理念，从产业基础、发展质量、市场活力、品牌影响力四方面对青龙板栗产业进行全面衡量，综合反映青龙板栗产业的发展水平和品牌影响力；通过内部和外部多个角度，结合产业发展的中观和微观指标，对板栗产业的发展进行二级、三级维度解析。多层次指标体系能够综合表现发展特点，细化产业发展监测维度，为板栗全产业链高质量发展提供智库参考（见图1、表1）。

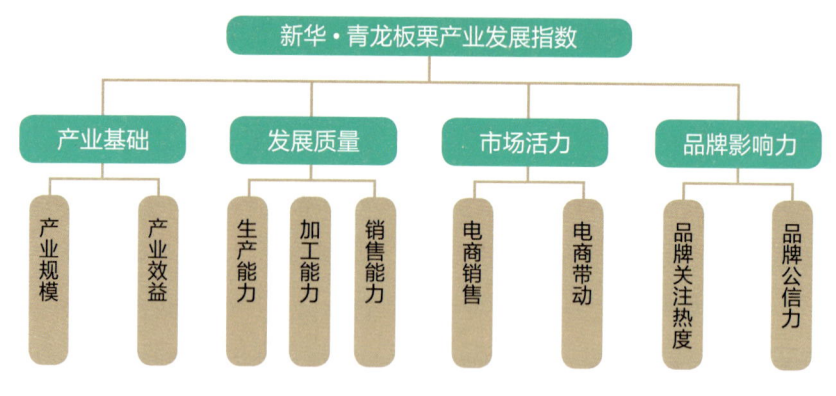

```
新华·青龙板栗产业发展指数
├── 产业基础
│   ├── 产业规模
│   └── 产业效益
├── 发展质量
│   ├── 生产能力
│   ├── 加工能力
│   └── 销售能力
├── 市场活力
│   ├── 电商销售
│   └── 电商带动
└── 品牌影响力
    ├── 品牌关注热度
    └── 品牌公信力
```

图 1 新华·青龙板栗产业发展指数体系

产业基础关注了产业规模和产业效益 2 个二级维度,通过种植面积、结果面积、产量、产值、利税总额、从业者人均板栗收入 6 个三级维度进行衡量。

发展质量关注了生产能力、加工能力、销售能力 3 个二级维度,通过合作社数量、家庭农场数量、深加工企业数量、龙头企业生产线数量、销量、销售收入、销售实际平均价格、出口收入 8 个三级维度进行衡量。

市场活力关注了电商销售和电商带动 2 个二级维度,通过电商活跃店铺数量、电商网红主播数量、电商销售额、线上电商销售占比、电商培训次数、电商带动就业人数、板栗衍生产品创新水平共 7

个三级维度进行衡量。

品牌影响力关注了品牌关注热度和品牌公信力2个二级维度,通过网络关注热度、主流媒体关注热度、主流媒体评价、社交网络评价和电商消费者评价共5个三级维度进行衡量。

表1 新华·青龙板栗产业发展指数指标体系

一级指标	二级指标	三级指标
产业基础 A1	产业规模 B1	种植面积 C1
		结果面积 C2
		产量 C3
	产业效益 B2	产值 C4
		利税总额 C5
		从业者人均板栗收入 C6
发展质量 A2	生产能力 B3	合作社数量 C7
		家庭农场数量 C8
	加工能力 B4	深加工企业数量 C9
		龙头企业生产线数量 C10
	销售能力 B5	销量 C11
		销售收入 C12
		销售实际平均价格 C13
		出口收入 C14
市场活动 A3	电商销售 B6	电商活跃店铺数量 C15
		电商网红主播数量 C16
		电商销售额 C17
		线上电商销售占比 C18
	电商带动 B7	电商培训次数 C19
		电商带动就业人数 C20
		板栗衍生产品创新水平 C21

（续表）

一级指标	二级指标	三级指标
品牌影响力 A4	品牌关注热度 B8	网络关注热度 C22
		主流媒体关注热度 C23
	品牌公信力 B9	主流媒体评价 C24
		社会网络评价 C25
		电商消费者评价 C26

通过分析 6 年的指数结果，可以看到，青龙满族自治县板栗产业正加速高质量发展，在产业规模、效益、质量、品牌打造等方面的水平大幅提升，高质量发展的步伐坚实，朝阳产业的特征逐步显现，正在成为青龙满族自治县乡村振兴的强力引擎。

一、蓄势而勃发：2023 年青龙板栗产业实现全面跃升，目前已进入积蓄品牌价值、带动产业升级发展新阶段

2018—2022 年，新华·青龙板栗产业发展指数呈现前期稳健增长、后期快速攀升态势，产业体系发展水平与发展质量显著提升。2023 年，总指数报 655.38 点，较 2022 年同比增长 95.09%，较 2018 年增长 555.38%。其中，青龙板栗品牌影响力实现"跳跃式"增长，2023 年品牌影响力指数同比涨幅超 700%，这将有助于充分发挥品牌效应对当地特色产业发展、农民增收的拉动作用（见图 2）。

第❺章 新时代的农业强县

（点）

图2 新华·青龙板栗产业发展指数运行结果

年份	指数
2018年	100.00
2019年	120.90
2020年	147.03
2021年	298.86
2022年	335.93
2023年	655.38

图例：产业基础、发展质量、市场活力、品牌影响力、新华·青龙板栗产业发展指数

近年来，青龙满族自治县高度重视农产品品牌培育工作，构建了包含板栗在内五大特色产业产品的"区域公用品牌+企业品牌+产品品牌"品牌体系，逐渐走出了一条以品牌发展带动农业市场化、标准化、规模化、产业化、现代化的乡村振兴之路。

二、转型升级：产业规模扩大和效益增长同步逐步转向保规模、提品质、增效益，产业基础结构转变成效显著

总体来看，产业基础指数（见图3）在2018年至2020年间维持稳定增长，2021年产业规模指数上涨幅度突出，2022年加速发力，5年中年均复合增长率达22.56%，展现出产业发展规模与效益的较强增长势能。

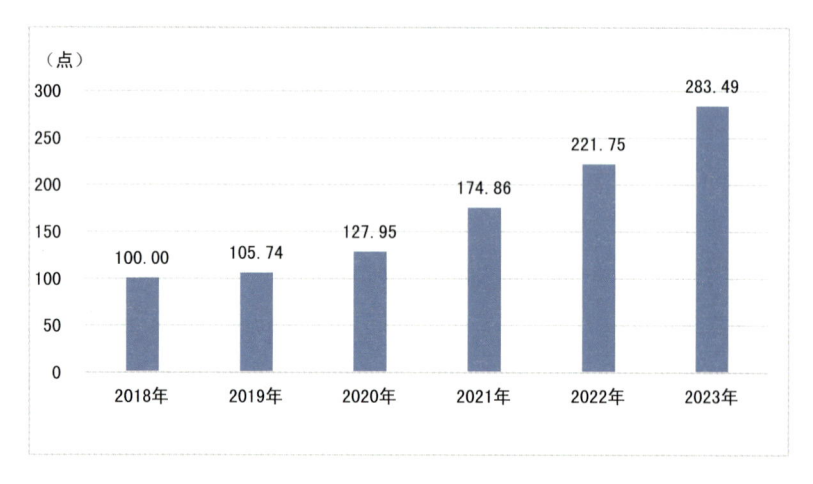

图3 产业基础指数

其中产业规模、产业效益两个二级指标走势涨跌互现，产业效益正着力牵引产业基础实力提升（见图4）。

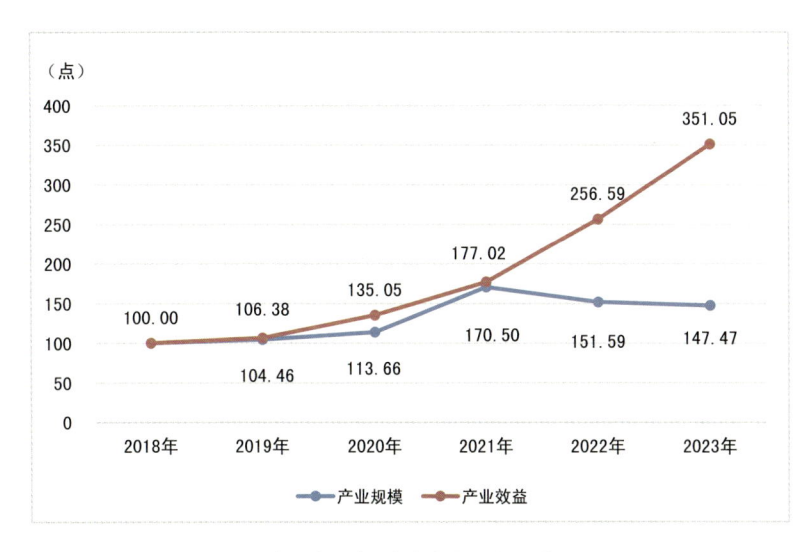

图 4 产业基础指数指标运行结果

截至2022年底，青龙全县板栗栽培面积达到100万亩，年产量近6万吨。受大小年因素及自然灾害影响，2022年板栗产量较往年有所减少，产业规模指数窄幅回落，2023年产业规模整体趋于平稳发展，指数窄幅波动。

目前，青龙全县24个乡镇、1个库区全域推广板栗栽植，发展了10余万支板栗栽植队伍，共计20余万人从事板栗种植、加工及其他相关产业，形成了较为稳定的产业规模队伍。

与此同时，青龙满族自治县在板栗种植过程中，坚持创新驱动、科技赋能，推广新品种、新技术，着力培育板栗现代产业和新型栗农，推动了科技创新与产业提质增效相互结合。

三、齐头并进：加工能力大幅提升推动发展质量迈上新台阶，产销两端发力是确保发展质量稳步提升的关键

发展质量指数显示（见图5），2023年青龙板栗发展质量指数结果报467.41点，同比增长12.02%。

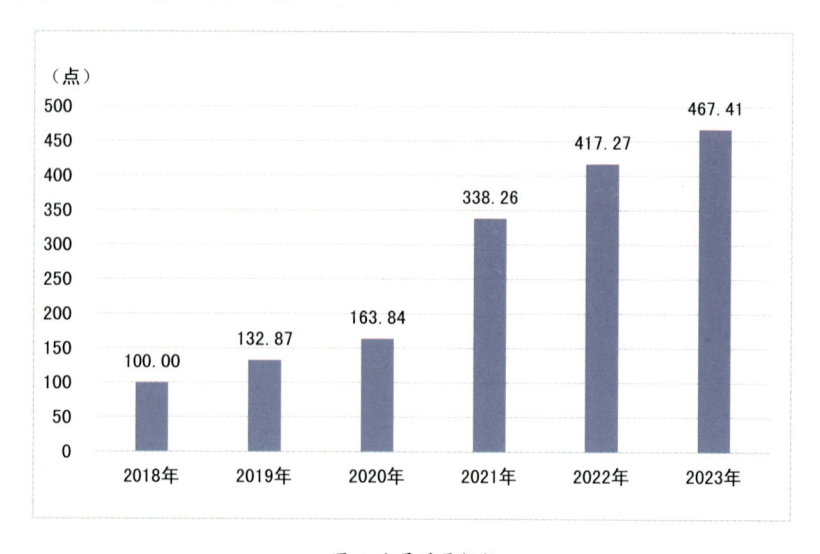

图 5 发展质量指数

第❺章　新时代的农业强县 / 111

在推进板栗产业高质量发展过程中,青龙满族自治县政府强力推进产业上规模、提品质、创品牌、促消费,推动农业特色产业高质量发展,板栗产业整体发展质量稳中有进。

发展质量指数指标运行结果(见图6)显示,2023年,生产能力指数、加工能力指数、销售能力指数分别同比上涨50.63%、4.35%和21.82%。其中,加工能力指数表现较好,自2021年起开始显著攀升并领先于生产能力指数及销售能力指数。

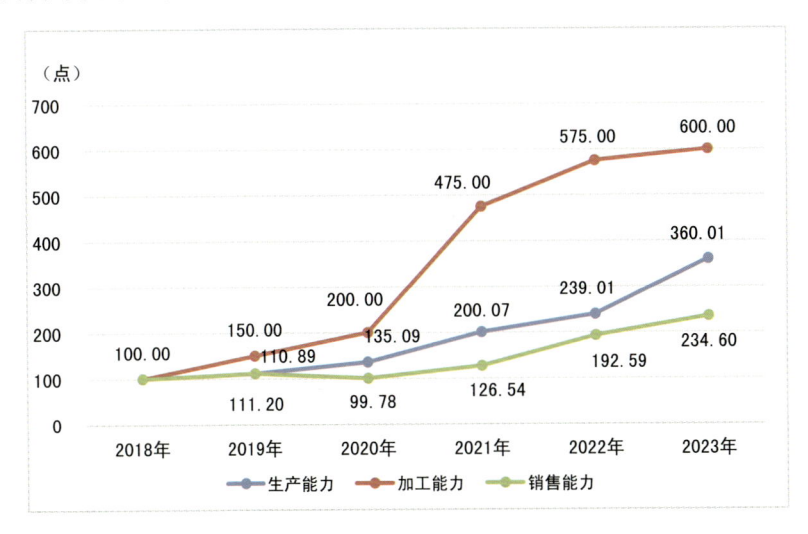

图6 发展质量指数指标运行结果

近年来，青龙板栗的加工能力、销售能力持续增强，加工水平在短期内提速较快。在生产布局方面，青龙全县加大品种改良力度，提升产业品质和效益，推进并优化以"家庭农场＋合作社"为代表的产业化经营模式；在加工能力方面，青龙县以助农增收为目的，扶持百峰食品有限公司建设板栗加工和冷储项目，目前，百峰食品有限公司的农产品仓储能力已超 5 万吨，年板栗加工能力超 1 万吨；在产销协同方面，青龙多次举办产销对接会（展销会、选品会、推荐会），充分利用电子商务、网络直播等现代营销方式销售产品。目前，青龙每年为大中城市店铺提供生鲜板栗超过 1000 吨，冰栗销售量保持在 3000 吨以上，且板栗产品已销往日本、匈牙利等 20 余个国家和地区。

四、电商赋能：电商市场激活产业发展引擎，市场活力指数上扬显著

电商平台为青龙板栗市场销售注入强劲动能，"三级书记抓电商"的"政府引导＋市场主导"机制日趋成熟。

青龙立足资源优势，充分、高效挖掘产业市场潜力。在"三级书记抓电商"举措的带动下，青龙着力夯实电商基础，拓宽产品销售渠道，不断释放市场活力。青龙完成搭建阿里巴巴天猫－青龙原产

地商品官方旗舰店、京东中国特产·青龙馆、扶贫 832 平台‐青龙特产专区、教育部绿色食品供应链平台等县域产品自营平台，为青龙板栗等青龙特色农产品销售提供重要助力。

2023 年市场活力指数报 539.03 点，同比增长 20.83%（见图 7）。

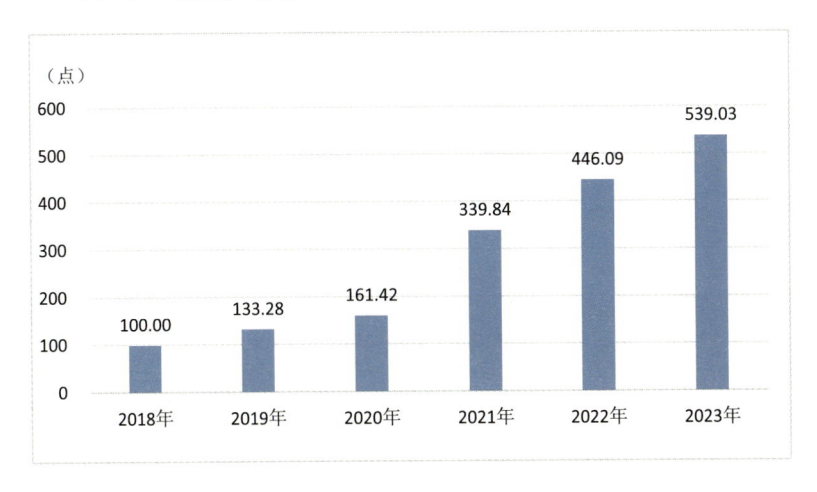

图 7 市场活力指数

市场活动指数指标运行结果（见图 8）显示，2023 年，电商销售指数报 682.47 点，同比上涨 22.69%，指数上行显著。具体表现为电商活跃店铺数量、电商网红数量快速增长，电商销售额占比提升；电商带动指数为 258.87 点，同比上涨 12.10%。

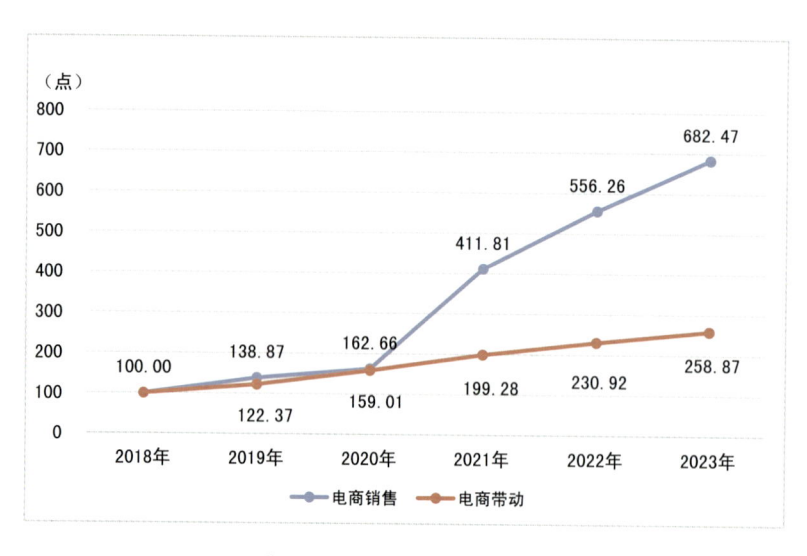

图 8 市场活力指数指标运行结果

青龙积极搭建县级、乡镇级电子商务公共服务中心，引进了 40 余家专业电商服务机构，打造了 5 个电商直播基地、34 个电商直播中心，乡镇（街道办）实现电商直播间全覆盖。此外，青龙加大电商培训力度，邀请院校专家和电商平台管理者，针对数字化模式、农产品上行、典型案例分享等内容开展专题讲座，培训次数超 200 次，电商带动就业人数近 6000 人，农民人均增收 3400 余元。

除此之外，青龙还积极构建"两仓三中心"——都源湖电商物流产业园产地仓和共配仓、电商公共服务中心、大数据分析中心和农特产品展销中心，为农产品线上销售提供了强有力的支撑。

作为首批进驻电商物流产业园的品类之一，青龙板栗销售结构不断优化，尤其是电商销售、大客户销售等多元渠道的兴起，带动了产地销售议价能力的提升。

五、品牌带动：品牌热度凸显，品牌影响力指数跳升，引领板栗产业高质量发展

青龙板栗品牌关注热度与产业发展指数全方位跃升相辅相成，如何持续发挥品牌效应带动产业发展成为关键命题。

品牌影响力指数是用于评估品牌未来持续发展、提升价值的重要依据。近年来，青龙多措并举大力发展绿色农业，努力打好品牌培育"组合拳"，赋能"青龙板栗"品牌建设，将板栗产业作为实施乡村振兴战略的重要抓手，全面营造电商与品牌发展的重要氛围，提升青龙板栗的吸引力和影响力。

2018年至2022年，板栗品牌影响力指数（见图9）震荡运行，品牌打造和宣传力度需持续加大。2023年，青龙品牌影响力指数跳升，指数结果报1394.28点，同比上涨746.26%。可以看出，青龙板栗品牌打造迈上全新起点。

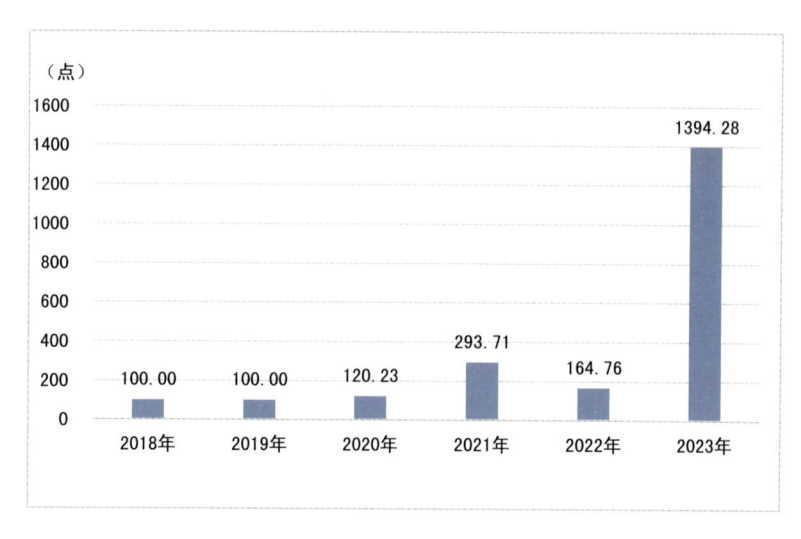

图9 品牌影响力指数

从青龙板栗品牌影响力指数指标运行结果（见图10）中可以看出，品牌关注热度指数在监测期内高位波动。特别是2023年，指数突破了1500点，较上年度上涨871.74%。品牌公信力指数整体持稳运行。

图表数据：

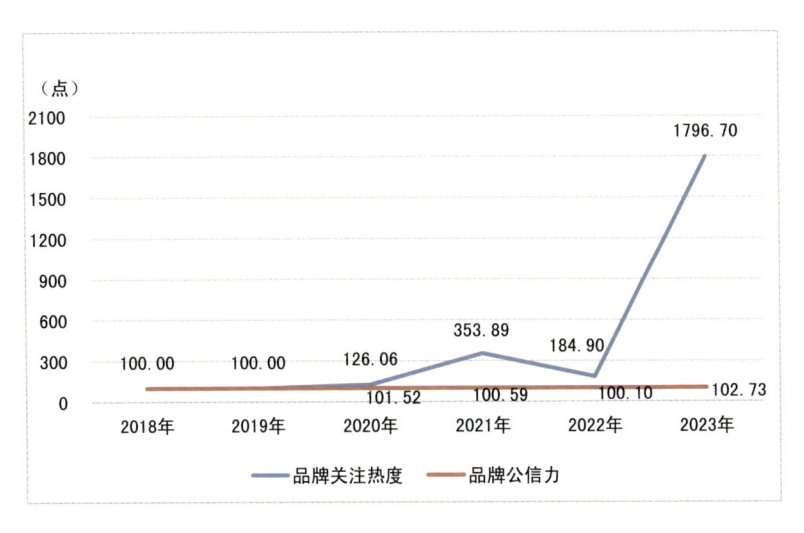

年份	品牌关注热度	品牌公信力
2018年	100.00	—
2019年	100.00	—
2020年	126.06	101.52
2021年	353.89	100.59
2022年	184.90	100.10
2023年	1796.70	102.73

图 10 品牌影响力指数指标运行结果

2023 年 10 月，青龙板栗暨青龙农产品推介会的成功举办以及青龙在板栗产业发展过程中坚持走"三级书记抓电商"的道路造福一方百姓的新闻报道在主流媒体和自媒体平台上得到广泛传播，引发了网友的高度关注和热议，进而将 2023 年的品牌关注热度推向了历史新高。

品牌传播专题（2024年1—6月）

品牌认知度的提升主要得益于主流媒体对青龙板栗的聚焦关注和积极宣传。2024年以来，青龙通过参与高端会议、构建电商生态、发布产业发展指数、定位健康食品市场、举办文化节活动等，多措并举提升青龙板栗知名度，提升了青龙板栗在消费者心中的知名度和影响力。监测期内，主流媒体纷纷报道青龙板栗，具体表现在以下几个方面。

一是地方商业银行推出"板栗贷"业务，缓解栗农的经济压力。2024年上半年，有关秦皇岛农信系统、邮储银行等机构发起的"板栗贷"的报道较多。近年来，随着板栗收购行业客户融资需求不断增大，秦皇岛农信系统和邮储银行秦皇岛市分行重点开发青龙"板栗贷"业务，大力扶持板栗行业，促进当地农业经济发展。据统计，2023年以来，秦皇岛协调各金融机构为省、市重点项目提供授信额度104亿元，累计发放贷款44.9亿元。

二是电商经济进入农业农村领域，新业态帮助青龙板栗走向全国市场。2024年上半年，青龙邮政与青龙满族自治县政府上下联动，立足当地特色资源，开展"丰收的中国"青龙板栗专场直播活动。同时，搭建邮快合作共配中心，打通产销板栗的"最后一公里"，解决农村快递末端收费问题，大幅度降低青龙板栗出山总成本，助力农村寄递提质增效。

三是加大电商人才培育，助力板栗产业繁荣发展。近年来，青龙满族自治县电商人才培养梯队建设已驶入"快车道"，涌现出了一批优秀的电商人才，电商产业逐渐发展成熟。2024年上半年，为促进"青龙好物"与直播带货等电商新业态销售渠道深度融合，青龙满族自治县加强青龙直播电商人才队伍建设，用电商为"青龙好物"插上飞出大山的"翅膀"，相关报道频频出现。

四是新华·青龙板栗产业发展指数持续发布，先后亮相北京、2024世界品牌莫干山大会燕赵品牌发展大会。主流媒体关注青龙数字化工具监测板栗产业新动态，形成区域信息发布中枢，切实助力青龙板栗产业高质量发展和青龙品牌价值提升。

从下面的表1中可以看出，在央媒报道中，新华网发布的《新华·青龙板栗产业发展指数发布》在央媒矩阵及主流媒体中声量较大,转载量达到 81 篇,短期内引发社会广泛关注。

表1 2024年上半年中央媒体发文情况

序号	标题	发文媒体	转载量(篇)
1	新华·青龙板栗产业发展指数发布	新华网	81
2	我市优质农产品丰富北京市民"菜篮子"	中国农业农村信息网	41
3	一颗小板栗 带出十三亿	人民政协网	37
4	这座小城吃出县域经济发展"新滋味"	人民网	27
5	【记者手记】青龙板栗的逆袭之路:从推三轮吆喝到出口日本	人民网	27
6	河北秦皇岛聚集"电商助农" 为青年插上"电商"翅膀	中国青年网	20
7	【欢乐京津冀 一起过大年】丰富城市餐桌,助力农民增收 青龙"山村大集"来到市中心	人民号	18
8	九问青龙板栗	人民网	15
9	电商直播大赛为"青龙好物"代言	人民日报	14
10	河北青龙板栗产业在产业基础、发展质量、市场活力和品牌影响力方面实现全面跃升	中国质量报	13
11	河北青龙:指数助力板栗品牌发展	新华社	11
12	河北青龙特色农业品牌亮相燕赵品牌发展大会	新华网	9

未来,指数持续传播也将有利于更好地塑造青龙板栗品牌形象,增强品牌影响力,用数据讲好"中国板栗看青龙"的故事,输出板栗产业发展的青龙案例,助力板栗全产业链高质量发展向纵深推进。

新华·青龙板栗产业发展指数发布 显示青龙板栗产业持续稳健发展[①]

"指数引领产业提档升级,数智赋能乡村全面振兴"。新华·青龙板栗产业发展指数发布会活动在新华社客户端、新华财经平台上的报道浏览量超400万,其中,《新华·青龙板栗产业发展指数发布 显示青龙板栗产业持续稳健发展》单篇稿件浏览量达到81.3万。

2024年1月16日新华财经报道

---

①本篇来源为新华财经2024年1月16日报道,有删改。

新华财经北京1月16日电（记者余蕊、张斯文）。新华·青龙板栗产业发展指数16日在北京发布。指数显示，青龙板栗的产业基础、发展质量、市场活力和品牌影响力四项指标全面跃升，青龙板栗产业持续稳健发展。与此同时，电商为青龙板栗产业注入强劲动能，"三级书记抓电商"的"政府引导＋市场主导"机制日趋成熟。

青龙板栗指数持续保持增长态势显示产业稳健发展

河北省秦皇岛市青龙满族自治县地处北纬40°的黄金板栗生产带，孕育出的板栗色泽光亮、细腻香甜，被誉为"京东板栗王"，板栗栽植面积达100万亩。

"青龙县委县政府大力发展林果、杂粮、食用菌、畜牧、中药材等五大县域特色产业,其中,板栗产业承载着青龙乡村振兴的发展之梦,寄托着满乡的乡土深情,是我们打造特色农业强县的重要支撑。"青龙满族自治县委书记李耀滨说。

据介绍,新华•青龙板栗产业发展指数包含 4 项一级指标、9 项二级指标和 26 项三级指标。指数从产业基础、发展质量、市场活力和品牌影响力 4 个维度对青龙板栗产业发展情况进行评估。同时,指数依托青龙满族自治县板栗品牌建设中心开展了板栗价格监测,真实反映了板栗市场价格的走势。

新华指数研究员许旻毓进行指数发布

"青龙板栗指数从第三方视角,以青龙板栗产业为特色样本,用数据精准量化板栗产业的主要维度、进展成效,建立了一套理论与实践相结合、当前与未来相衔接的评价监测体系和数字化管理工具。该指数为政府部门及时掌握产业运行态势、动态监测政策成效提供了可量化、可操作化、可评估化的'体检表',助力实现政府治理用数据决策、发展成效让数据说话的组合效能。"中国经济信息社党委常委、董事程茹说。

从指数走势看,2018年至2020年,指数整体平稳上升,产业基础、发展质量、市场活力和品牌影响力4项指标全面跃升。2022年,虽然品牌影响力指数有所回落,但总指数继续保持增长态势,青龙

板栗产业持续稳健发展。

"培育产业是一个系统性长期工程,这次青龙板栗指数的发布就是一次推动产业转型升级、提质增效的创新实践。"全国农村产业融合发展联盟秘书长路亚洲说:"推动青龙板栗产业高质量发展,建议在厚植产业发展基础、完善产业内外结构、孵化创新创业生态、建立健全政策体系、孵化龙头企业集群等方面统筹推进。"

农业农村部农业贸易促进中心产业安全处副研究员韩啸表示,我国板栗的品牌宣传推广有待加强,建议聚焦品牌创建,着力实现品牌打造、销量提升、市场引导、品种改良、农民致富等一揽子目标。

农业农村部农业贸易促进中心产业安全处副研究员、博士韩啸

"中国经济信息社和青龙满族自治县联合发布青龙板栗产业发展指数，对提升区域品牌影响力，推动地区产业高质量发展，增强行业发展信心的意义重大。"农业农村部工程建设服务中心总工程师俞宏军说。

农业农村部工程建设服务中心总工程师俞宏军

电商物流赋能青龙板栗产业发展

"在教育部和阿里巴巴集团的帮扶下,青龙强力推进'三级书记抓电商',落户阿里巴巴'客服县'项目,成功签约'盒马县',青龙板栗走进央视财经频道,入驻盒马鲜生、大润发等平台,开设天猫官方旗舰店,五指山村成为全县首个淘宝村,全县有电商店铺4000余家。"李耀滨说。

2022年,青龙板栗指数的子指数——板栗市场活力指数表现活跃,为446.09点,较2018年上涨346.06%。这说明青龙立足资源优势,充分、高效挖掘市场潜力,"三级书记抓电商"的"政府引导+市场主导"机制日趋成熟,电商为青龙板栗产业注入强劲动能。

"科技帮扶,为青龙特色农业插上科技翅膀;电商帮扶,让青龙特色农产品走出深山;人才帮扶,让青龙特色农业有了人才支撑。"青龙满族自治县副县长许旭轩说。

阿里巴巴驻青龙满族自治县乡村振兴特派员牛少龙介绍说,2019年6月至今,全国已有24名乡村振兴特派员被派驻到青龙满族自治县等地,在产业、人才和科技等领域助力当地乡村振兴。

商务部中国国际电子商务中心研究院院长李鸣涛说:"电商让产

业拥有了直接触达用户的通道,助力青龙农产品'上网出山''借船出海'。"

重构"山货出山"的县域实践
——河北青龙满族自治县壮大农业特色产业观察[①]

位于河北省东北部、燕山深处的青龙满族自治县，在滨海城市秦皇岛市所辖四区三县中，虽然其3510平方公里的县域面积占到全市近半，却是一个距海甚远的纯山区县。坐拥"八山一水一分田"，这里出产的干果、杂粮、食用菌等各色农产品，被统称为山货，不仅品质好，而且风味佳。然而很长时间里，这里的山货一直都在沿袭原

2024年8月2日《农民日报》头版报道

---

①本篇原载于2024年8月2日《农民日报》，有删改。

品外销的老路，产业形态只是走到原品收购、外销这里便戛然而止。

"别处一个馒头、一碗面条都能成就一个大企业、崛起一方大产业，我们自产的农产品这么多、这么好，不能总是屈居原料供应地的角色，必须走出自己的新路。"谈起近年来全县围绕"山货怎样出山"展开的县域实践，青龙县委书记李耀滨坚定地说。

品牌赋能，让农品成为精品

6月初，板栗栽植面积已达100万亩的青龙域内，各处都弥散着淡淡的栗花清香。青龙板栗栽培历史已有2000多年，县域内百年以上树龄的板栗树有5000多棵，现存最老的板栗树树龄在1000年以上。这里的板栗营养丰富、肉质细腻、软糯香甜、涩皮易剥离，广受国内外市场青睐。过去因为主要以出口原品和散户炒制销售为主，青龙板栗不仅附加值低，而且受保鲜期短和品牌知名度低等因素影响，市场话语权较弱。

为突破这一瓶颈，从2021年起，按照"一产往后延，二产两头连，三产走高端"的思路，青龙开始在全县范围内鼓励研发地产新品，支持培育并树立地理标志品牌，全方位发展特色现代农业产业。

走进位于肖营子镇的百峰贸易有限公司食品加工厂，立马有种

第❺章　新时代的农业强县

从"板栗栽植丛林"到"板栗食品王国"的感觉。这里的产品展示大厅摆放的板栗制品达百余种。沿着生产参观通道,看车间流水线上色选分级、去杂灭菌、包装入袋、灌装入瓶、贴标装箱等一道道自动化工序,更是忍不住赞叹,过去支个铁锅炒制的板栗加工,还能这样满满"科技范儿"。

"公司研发出的开口栗、甘栗仁、冰栗、绵绵豆、香香豆、每日栗豆等90多种板栗食品,均被授权冠以'满意青龙'区域公用品牌标志。"公司董事长韩云庭介绍。鲜为人知的是,这家年销售额超亿元、年出口创汇超300万美元、为当地农民提供就业岗位2200个、增加工资性收入近3000万元的本土企业,前身只是一个单纯收购、外销板栗原品的贸易商。

类似的蝶变历程,在位于龙王庙镇的双合盛生态农产品有限公司也同样可寻。这个研发出杂粮主食产品6大系列、板栗食品10多种的本土企业,其"在旗"杂粮主食系列产品获得第106届美国巴拿马太平洋万国博览会(中国区)金奖,带动农民近5000户,被授予"省级扶贫龙头企业"称号,其产品还曾成为北京冬奥会专供食品。

从全县范围看,目前青龙的企业主体注册的农业商标品牌已有691个,"青龙板栗"区域公用品牌通过授权企业20家,"满意青龙"

区域公用品牌荣登"中国农产品区域公用品牌（新锐）10强"榜首，旗下还有"青龙板栗""青龙苹果""燕山绒山羊""燕山八味"等4个单品品牌。"青龙板栗""青龙黏豆包""燕坤苹果"入选全国乡村特色产品和乡村工匠目录，"燕山绒山羊"被确定为国家级地方品种。

将农产原品变成加工产品，把加工产品做成知名品牌，青龙山货终于开始不靠"借光"也能焕发容光。

提质升级，让产业高昂龙头

在做强地产品牌的同时，青龙不断以务实举措大力优化营商环境，支持各龙头企业走农产品深加工之路，进一步提高农产品附加值，形成全县"林果、畜牧、中药材、食用菌、杂粮"五大特色产业集群式发展势头，龙头企业的自身实力、带动能力显著增强。

进入生产厂房宽敞高大、培养室联栋成片的青龙现代香菇产业示范园菌种菌棒厂，工人正忙着将培养好的菌棒，从智能化培养车间打包装柜，准备用集装箱车辆向外发运。

"机械自动装袋的菌棒成型出来后，还需经过118℃高温、300分钟时长灭菌，再冷却到25℃以下进行自动接种，然后送到智能培养室待上110天,才能对外销售。我们这里有80间培养室,每间容量都在5万袋左右。"厂区负责人丁佳伟说起这里日产5万袋菌棒的规模水平,自信中流露着自豪。

作为典型山区农业大县,青龙域内拥有丰富的林木资源、充足的劳动力资源和适宜发展香菇产业的气候条件。一直以来,青龙都有种植食用菌的传统,但受技术和售价等因素影响,食用菌种植户越来越少,产业缩水严重。要重振香菇产业,保质保量、省心省力的本地菌棒供应就成为关键一环。

据介绍,过去青龙菌棒的培养全靠阳光取暖、人工浇水,温度、湿度及无菌环境都得不到保证,导致菌棒培育率低、成品率低、出菇率低,菇农培育风险大、成本高。现在菌棒实现大规模智能化生产,很好地解决了这些问题。菇农将工厂培养好的菌棒拿回去后,只需撕去外层塑料包装,放到恒温恒湿的大棚内,7天就可出菇而且连出5茬,既省力又安心。

通过资源整合,青龙2022年引进国内最新技术建立的这座现代香菇产业示范园,已和全县100多家中小型香菇种植企业建立利益联结机制,直接或间接带动近万人就业增收。在香菇产业园的带动下,全县正大力实施香菇产业基地建设,已新改扩建出菇棚515个,食用菌栽培规模发展到 5500 万棒。

电商助力，让营销插上翅膀

每天早上 8 点开始，在青龙镇逃军山村的都源湖电商物流产业园，多家快递公司都会分时段将快递件放在分拣机转盘上，随着转盘通过扫码器，快递件便被自动"投入"对应的乡镇隔口，再由中国邮政工作人员将装满快递的袋子装车，实行点对点直送。

"这个项目集农特产品交易、电商直播、快递物流智能分拣和集中配送于一体，是我县乡村振兴重点项目。"相关负责人王强介绍，作为加快构建县、乡、村高效顺畅流通体系，降低物流成本的重要一环，该产业园对解决县域物流基础设施薄弱、农产品销售难将发挥重要作用。

为打破"好物处在深山人未识"的窘境，2021 年，青龙县委提出"三级书记抓电商"，从卖好货、建生态、育人才 3 个维度，利用电商思维整合农特产品销售端渠道，增强产业供应端实力，重塑青龙农特产品价值体系，拓展乡村振兴实现路径。

如今在青龙，电商直播已经成为大众热门话题和乡村常见活动，任何人都可以走进政府助建的直播间，坐在镜头前热情推介自家农产好物,不少人还由此成为专业的"乡村网红"。

6月8日上午,在肖营子镇五指山村的"栗姐微家"电商直播间,韩文亮一边筹划"栗花雌雄谁识别"直播主题,一边不时到路对面的工地查看工程进展。这位一场直播就能卖出3000单板栗的电商达人说,等她的新直播间、库房建好后,将会给网友带来更优质的线上体验。裕康农农业发展有限公司是由20多名年轻人组成的团队,也是入驻物流产业园的第一批企业之一,正在组织直播售卖青龙苹果的公司负责人杜利勇告诉记者,他们每天从早上7点到晚上7点都在轮班进行直播,日均成交量保持在2000单以上。

注册天猫青龙旗舰店,成功签约"盒马县""盒马村",都源湖电商物流产业园项目顺利运营,获评河北省数字生态"十强县"……当前,青龙的县、乡、村电商商贸物流体系已成功贯通,全县有电商店铺4000多家,带动就业人数1.5万多人,2023年,农村网络零售额超过22.6亿元,较2022年增长21%。

随着"龙头企业带动,特色产业集群发展,电商物流品牌赋能,群众增收致富"这一模式的不断成熟,志在同步成为特色农产品"产地仓""周转仓""销售仓"的青龙,正在打造北方山区特色乡村振兴样板之路上稳步前进。

燕山东段崛起振兴力量
——河北青龙满族自治县推动板栗产业高质量发展纪实 ①

2024年9月14日《农民日报》头版

---

① 本篇原载于2024年9月14日《农民日报》，有删改。

第 5 章　新时代的农业强县

白露时节，位于燕山东段的河北省秦皇岛市青龙满族自治县的山野间，棵棵栗树迎风摇曳，沉甸甸的板栗果压满枝头。在 2024 年中国农民丰收节来临之际，青龙百万亩板栗进入收获期，栗农抢抓农时采收、销售，丰收的喜悦弥漫在山林间。

青龙是京东板栗的重要产区，被誉为"京东板栗之乡"，素有"世界板栗看中国，中国板栗看燕山，燕山板栗看青龙"之称，这里生产的板栗品质独特，被誉为"京东板栗王"。

目前，青龙板栗的栽培面积超 100 万亩，规模居全国各县（区）首位，年产板栗 8 万多吨，年产值超 13 亿元，农民人均增收 3400 元以上，小板栗已发展成为青龙富民强县的大产业。

青龙县委书记李耀滨表示，板栗产业承载着青龙乡村振兴的发展之梦，寄托着满乡的乡土深情，是打造特色农业强县的重要支撑，通过建机制、延链条、拓市场、塑品牌等举措，推动板栗产业高质量发展，为生态添绿、助农民增收。

自然魅力：黄金带长出"致富果"

青龙地处北京以东、燕山东段的京东板栗黄金种植带，地貌特征为"八山一水一分田"，靠山吃山。据文献记载，青龙已有 2000 多年板栗种植历史，有被誉为"中华板栗王"的古生栗树，有百年以上树龄的古生栗树5000余株。独特的资源禀赋，为青龙板栗产业发展奠定了坚实基础。

作为河北林业大县，近年来，青龙抢抓集体林权制度改革机遇，积极调整经济林结构，通过"扩绿、兴绿、护绿"等举措，将特色种植与"三北"防护林体系工程建设深度融合，于2019年荣获"中国林业产业突出贡献奖"。

目前，青龙板栗主要有"燕山早丰""燕紫""燕宝""冀栗"等优质品种，独特的地理和气候条件孕育出的青龙板栗具有果型端正、果粒均匀、色泽亮丽等特点，且含糖量高、肉质细腻、软糯香甜、涩皮易剥离，成为京东板栗中的"顶尖产品"和农民手中的"致富果"。

积极推动巩固拓展脱贫攻坚成果同乡村振兴有效衔接。青龙依托自然资源优势，重点培育板栗产业，并带动林果、畜牧、中药材、食用菌、杂粮深加工等特色产业发展，有力推进乡村全面振兴。

主体活力：做大县域特色产业

谈起板栗产业发展经验，青龙县长张义金表示："向上建立绿色标准化板栗示范基地,确保高质量的生鲜原料供应;向下延伸板栗食品、文化、观光、农家院等多元化经营,促进'三产'深度融合。"

经营主体有活力,产业发展才有动力。青龙不断加大板栗产业经营主体培植力度,培育市级以上龙头企业58家,成立以经营板栗为主的专业合作社1075家,发展家庭农场480家、产业化联合体9个;持续完善联农带农富农机制,采取"公司+合作社+农户""公司+合作社+基地"等多种方式,引导栗农入社,实现抱团发展,保障各方经济收益。

通过全域推广板栗栽植,如今,青龙全县已发展10万多板栗栽植户,24万余人从事板栗种植、加工及相关产业工作,形成了较为稳定的产业队伍,构建起龙头企业带动、新型经营主体跟进、群众广泛受益的产业发展格局。

科技创新是青龙板栗产业高质量发展的又一条实践路径。通过加强校地合作,选育、推广新品种,使全县板栗良种率超80%,并推动成果转化与栗农素质提升,实现板栗产业现代化发展。目前,青龙全县24个乡镇已全部设立标准化林业站,搭建起"专家+技术指导员+科技示范户+栗农"技术推广网络,青龙板栗这个传承千年的传统产业焕发出新的生机与活力。

近年来，青龙按照"一产往后延，二产两头连，三产走高端"的思路，让板栗产业不断延链补链强链，板栗树下散养溜达鸡、黑猪，研制开发出栗花香水，用栗蓬制造燃料，用栗枝加工制作菌棒，建起"秋山度·栗"等板栗观光园，推出"采摘节""板栗节""板栗宴"等旅游项目，"赏栗花、观栗景、采栗子、食栗饭"，全力实现板栗产业的一二三产融合发展。

向食聚力：做足板栗深加工

"过去，由于知名度不高，产品主要由本地栗农推着三轮车吆喝叫卖，或者是被外地采购商低价收购，产品以生鲜板栗或板栗仁等初加工产品为主，经济效益有限。现在，为了让板栗既产得好也卖得好，我们开始在延伸产业链条和拓展销售渠道方面下功夫。"青龙满族自治县农业农村局相关负责人说。

为提高产品附加值，青龙板栗向纵深延伸产业链条，逐步建立起板栗产业基地建设规范化、生产技术标准化、生产过程无害化、采收储藏科学化的生产体系，研制出开口栗、甘栗仁、绵绵豆、香香豆等100多种不同品类的深加工产品，销往全国各地及海外市场。

同时，青龙板栗还玩起了"跨界"。"糖炒栗子老棒冰""青龙小栗茶"等潮流板栗产品的问世,在为板栗产业拓市场、增溢价的同时,也大大提升了青龙板栗的知名度。

青龙双合盛生态农产品有限公司以生产杂粮主食为主要业务,公司副总经理张明慧介绍:"我们的产品原料全部使用本地的青龙板栗,香甜软糯、营养丰富,深受消费者喜爱。'在旗'杂粮主食系列产品荣获第106届美国巴拿马太平洋万国博览会(中国区)金奖。"

作为本土板栗精深加工头部企业,秦皇岛市百峰贸易有限公司聚焦"青龙板栗""青龙山楂"等特色产品,不断提高科技创新能力,开发出冰板栗等系列产品,在韩国、日本等多个国家和地区热销。现已发展成为全国单体面积最大的板栗加工冷储企业,辐射带动全县357个村、17095户受益。

热销助力:电商打通"最后一公里"

好产品需要好渠道,电商已成为青龙板栗破解农产品出山进城难题的有效途径之一。

近年来,青龙紧抓国家级电子商务进农村示范县建设契机,在维护好传统销售渠道的基础上,创新提出"三级书记抓电商",全面整合农产品销售渠道,增强产业链供应端实力,打通了产销"最后一公里"。

作为电商产业代表，肖营子镇五指山村是青龙首个淘宝村，拥有6个共享直播间、102个淘宝店铺。该村电商带头人、文兴种植专业合作社负责人韩文亮介绍，线上销售板栗效果好、收益高，"路子和品牌打开了，生意就好了"。

目前，青龙板栗已入驻大润发等商超平台。贯通县、乡、村三级的电子商务物流体系，让很多栗农成为"板栗主播"，全县有电商店铺4000余家，从业人员达1.5万余人，电商带动人均增收近2000元，青龙先后荣获河北省数字生态"十强县"、"亚洲电商产业带示范基地"等称号。2024年1月至7月，青龙农村网络零售额达15.64亿元，同比增长17.07%。

振兴力量：品牌赋能产业发展加速度

一年一度的中国农民丰收节即将到来，青龙积极谋划，将"青龙板栗产业发展大会"作为系列活动之一，为板栗产业发展搭建提升品牌知名度、促进一二三产融合的平台。

对于板栗产业下一步发展思路，李耀滨表示，区域公用品牌是全县产业发展的重要抓手，将讲好品牌故事，做好青龙农产品区域

第❺章　新时代的农业强县

公用品牌推广，全面提高品牌知名度、美誉度和影响力，带动农特产品提质增效，真正走出一条以品牌兴产业、壮基地、扩规模、拓市场、富百姓的产业发展路子。

为提升全县农业品牌整体形象，青龙重点打造全品类区域公用品牌"满意青龙"。同时，重点支持"青龙板栗""青龙苹果""青龙北苍术"等单品类区域公用品牌，筹划打造"青龙杂粮""青龙山楂""青龙小米"等区域公用品牌，建立起县域农产品区域公用品牌综合发展体系，制定了"发布推广一批、入库创建一批、发掘储备一批"的可持续发展战略，面向国内外展示青龙优质特色农产品及优势产业。

以特色品牌引领乡村产业振兴。当前，青龙全县特色农业基地规模达168万亩，绿色食品产业基地9个，国家、省、市级农业龙头企业59家，"两品一标"认证农产品12个，初步形成了具有北方山区特色的乡村产业发展格局。

百舸争流，奋楫者先。燕山东段涌动着乡村振兴新力量，青龙板栗产业正为建设中国特色农业强国贡献"青龙经验"。

插上现代农业的翅膀

栗树林

青龙的发展优势在哪里?青龙靠什么腾飞?对这个问题,青龙人民从未停止过思考和探索。

第❺章　新时代的农业强县

近年来，青龙终于认识到，生态才是青龙的最大优势，特色农业才是青龙发展的根基和脉搏，其中板栗产业就是最具比较优势和地域优势的主导产业之一。

青龙板栗栽培历史悠久。这里既有老树栗子，口感纯正，虽然相对产量不高，但原汁原味，早已声名远播；又有新品种板栗，优选了最适合燕山气候和地理特点的优良品种，营养丰富、肉质细腻、软糯香甜，广受国内外市场青睐。

重视质量，筑牢板栗产业"安全线"。青龙始终坚持"绿水青山就是金山银山"的发展理念，坚定不移走生态优先、绿色发展之路。在品种改良上，青龙联合农林科技院校，新建了3个板栗新品种试验园，确保青龙板栗品种纯度。在技术支撑上，以校地合作方式推广了"抓大放小""轮替更新"修剪技术，每年开展栗农培训共计5000人次。在生态管理上，采用林下自然生草，将草打碎形成有机肥，或实行林下种植中草药的方式固水土，育肥地力。在15个乡镇、35个村共建立了30万亩板栗绿色生产基地，推广板栗标准化生产。

龙头带动，打造板栗产业"全链条"。在板栗深加工方面，青龙倡导全县各食品企业研发板栗新产品，通过为企业提供政策支持、技术服务等方式，助力板栗深加工规模化、规范化发展。百峰贸易公司研制了 100 多种不同品类的深加工产品，销往全国各地以及海外市场，年销售额超亿元、年出口创汇超 300 万美元；双合盛生态农产品有限公司借助着栗丁系列产品，先后与各连锁餐饮公司、星级酒店、商超等取得合作，产品还曾成为北京冬奥会专供食品。

树立品牌，培育板栗产业"生命线"。青龙板栗驰名中外，远销日本、韩国、加拿大、以色列、匈牙利等国家和地区，每年出口 5000 吨，出口创汇 1500 万美元。2021 年，"青龙板栗"区域公用品牌正式创建，开启了青龙板栗的正名之路。在县委县政府的支持带领下，"青龙板栗"区域公用品牌荣获了 2021 年河北省区域公用品牌优秀设计奖，2022 年进入了省级区域公用品牌名录，并不断在国内外市场扩大影响。截至目前，已授权 20 家经营主体使用"青龙板栗"区域公用品牌。各经营主体注册、打造了"京东""燕之龙""龙之瑞"等板栗及其产品的商标和企业品牌，其中"京东"品牌被评为河北省著名商标。

电商助力，为板栗旺销插上"云翅膀"。青龙地处山区，交通相对不便，曾一度导致山区农产品销售难。为了打破"酒香也怕巷子深"的窘境，2021 年，青龙实施"三级书记抓电商"，成立县电商公共服务中心，创建电商物流产业园 1 处，建成"1+24+396"物流体系,即1个仓储物流配送中心、24个乡镇物流快递分拨中心、覆盖全县396个行政村,让每一件板栗产品都能够顺利"出嫁"。依托教育部和阿里巴巴集团帮扶,通过央视直播带货、开设天猫官方旗舰店、入驻国内著名企业等形式,拓宽了销售渠道,将青龙板栗推向了全国市场。

在规模化、集约化、标准化的基础上,青龙借助信息化、数字化和智能化,实现了从传统农业向现代农业的过渡与跃升。在政府的支持和引导下,青龙栗农也走上了品牌之路、特色之路、电商之

路，青龙板栗也拥有了品牌价值、地理标志和电子身份证。未来的路会越走越宽广。

附录

板栗美食秀

烹饪小白也能做

香甜蒸板栗
简单享原味

板栗是大自然馈赠的美味珍馐，而蒸板栗这种做法，就像是开启这美味宝藏的神奇钥匙。它简单至极，却能最大程度地保留板栗的原汁原味，每一口都仿佛是在品尝山林间的清新与甘甜。

首先，准备好新鲜的板栗。将它们放在清水中，轻轻搓洗每一个角落，然后沥干水分。这一步很关键，因为多余的水分可能会影响蒸制的效果。

接下来，就是给板栗"开刀"啦。拿出一把锋利的小刀，在板栗圆润的身体中间，划上一道利落的一字口。这看似简单的动作，实则是为了让板栗在蒸制过程中能够自由地释放它的香气和热气，不至于在内部积聚压力而破裂。

一切准备就绪，把划好口的板栗整齐地放入蒸锅的笼屉上。点燃炉火，先用大火让蒸锅快速上汽，这时仿佛能听到板栗们在里面欢呼雀跃，准备迎接热气的洗礼。上汽之后，转中火，让温度稳定地渗透进每一个板栗。15分钟的时间里，奇妙的变化在蒸锅中悄然发生。你会看到板栗的开口逐渐变大，像是一个个咧开嘴笑的小娃娃，露出那黄澄澄、香喷喷的栗肉。此时，热气腾腾的蒸板栗就出锅啦，空气中弥漫着香甜的气息，光是闻着就让人垂涎欲滴，吃起来更是软糯香甜。

电饭锅版糖炒板栗
甜糯魔法的诞生

嘿，你想不想在自家厨房里施展一场甜蜜的魔法？那就跟着我来制作电饭锅版糖炒板栗吧！

首先，我们要挑选那些饱满圆润的板栗，把他们放入清水中，轻轻搓洗干净，再沥干水分，这时的板栗像是刚出浴般清爽。

接着，拿出一把锋利的小刀，在板栗的肚皮上划一道一字口。然后，把这些开口的板栗倒入电饭锅中，加入清水，水位与板栗齐平。冰糖块像是晶莹剔透的魔法宝石，按你的喜好把冰糖块加入锅中，若是你渴望更浓郁的甜蜜，就多放一些吧。再滴入几滴植物油，它们就像灵动的小仙子，为这场魔法增添了丝滑的魅力。用小勺搅拌一下，板栗们和这些甜蜜元素快乐地旋转。

按下煮饭键，电饭锅里像是有一群勤劳的小工匠，在精心打造甜蜜的宝藏。时间一到，别急，再焖上10分钟，这是让甜蜜更加醇厚的关键。当锅盖打开的瞬间，香甜的气息如汹涌的浪潮般扑面而来，那一颗颗色泽金黄、香气扑鼻的糖炒板栗，让人食欲倍增。

电烤箱版糖烤板栗
味蕾上的甜蜜狂欢

家里有电烤箱的美食爱好者们看过来！今天要给大家分享一款超级诱人的电烤箱版糖烤板栗，让你在家就能轻松制作出香甜可口的美味。

首先，我们要精心挑选那些饱满圆润的板栗，仔细清洗干净，沥干水分，然后在每个板栗上开一个一字口。接着把它们放入大盆中，倒入一小勺植物油，轻轻晃动盆子，你瞧，每颗板栗表面都均匀地粘上了一层亮晶晶的油，仿佛穿上了一件油亮的"黄金甲"。

在烤盘上铺上锡纸，就像为板栗们准备了一个华丽的舞台。把栗子平铺在烤盘里，一个挨着一个，排得整整齐齐。将烤箱预热到200℃，然后把装满板栗的烤盘送进烤箱，开始它们25分钟的甜蜜蜕变之旅。时间一到，把烤盘取出。接下来就是甜蜜升级的时候啦！将白砂糖融化，用刷子把厚厚的糖液反复涂抹在烤后的板栗上，让每一颗板栗都裹满甜蜜的"糖衣"。再次把板栗送进烤箱，烤5分钟。这最后的烤制，就像是为板栗的甜蜜画上了一个完美的句号。

当烤箱再次打开，热气腾腾中，那一颗颗色泽诱人、香气扑鼻的糖烤板栗就呈现在眼前了。它们像是散发着甜蜜光芒的宝石，咬上一口，香甜软糯，那甜蜜的味道在口腔中肆意蔓延，就像一场味蕾上的甜蜜狂欢，快来试试吧！

栗子饭
四季的温暖滋味

　　有一道简单却能带来满满幸福感的佳肴——栗子饭。它就像一位朴实无华却充满魅力的老友，在每一个品尝的瞬间，都能慰藉你的味蕾。

制作栗子饭,需准备好板栗、大米和少量的食用盐。首先,把板栗放入水中,随着水温升高,板栗在水中翻滚。持续煮上 5 分钟左右后,捞出沥干水分,此时的板栗会散发独特的香气。轻轻剥开板栗,那金黄的栗肉便露了出来,你可以根据自己的喜好将栗肉切成小块,它们将成为这道美食的灵魂所在。

接着,如同往常做饭一样,把米洗净后放入电饭锅。然后,加入准备好的板栗,为了让板栗的甜味更加突出,只需加一小撮盐,这看似微不足道的盐,却有着神奇的作用,能将板栗的甜衬托得淋漓尽致。

按下电饭锅的煮饭键,静静等待。当煮饭程序结束,热气腾腾的栗子饭就出锅啦!出锅前还可以撒上一些芝麻作为装饰,那星星点点的芝麻就像镶嵌在黄金上的宝石,让这道饭看起来更加诱人。吃上一口,板栗的香甜、米饭的软糯、芝麻的香脆以及那若有若无的咸,各种味道在口中交织、碰撞,每一粒米饭都饱含着板栗的醇厚香气,为你带来独特的味觉享受,仿佛把整个春夏秋冬的美好都融入了这一碗饭中。快来试试这美味又简单的栗子饭吧!

板栗酒
养生佳酿的奇妙诞生

在传统养生的世界里,有一种独特的饮品——板栗酒,为健康助力。制作板栗酒只需简单的两种原料:120克板栗和500毫升白酒。

首先,挑选饱满的板栗,将它们仔细洗净。随后去壳,把板栗那金黄的果肉展露出来。接着拍碎板栗,这些破碎的板栗就像是蕴含着能量的小碎片。然后,把它们放入白酒中,最好是韵味悠长的酱香型白酒,那浓郁醇厚的酒香,为板栗酒奠定了独特的基调。密封好容器,让时间施展魔法。

等待7日,这段时间里,板栗与白酒相互交融、渗透。7日后去渣,留下的是精华所在。每日空腹饮服两次,每次10—20毫升,这小小的剂量,却有着大大的能量。

板栗酒有补肾、益脾的神奇功效,对于那些精神不振、体倦无力的人群来说,就像是疲惫生活中的活力源泉。它像是大自然馈赠的滋补精灵,在岁月的流转中,默默守护着人们的健康,让你重新找回精力充沛的状态,感受人与自然和谐共生的美好。

锁住营养和青春的滋补秘籍

山药栗子粥
温暖身心的滋补佳品

准备好栗子 100 克、糯米 60 克、大米 40 克、山药 300 克、枸杞 10 克、红枣 9 个以及 800 毫升水。

先将栗子和山药去皮，那圆润的栗子、修长的山药，像是褪去了外衣的珍宝。把山药切成均匀大小的块，它们将在粥中释放出独特的口感。红枣也要洗净，然后浸泡 10 分钟。接着，在锅里放上水，把淘洗干净的大米和糯米放入电饭锅中，再将处理好的山药、红枣放进去，盖上锅盖，按下煮粥键。40 分钟后，放入栗子和枸杞，再煮 10 分钟，香气四溢的山药栗子粥就做好啦。

盛入碗中的山药栗子粥，散发着诱人的香气。栗子的香甜、山药的软糯、红枣的浓郁、枸杞的点缀，再加上米香的烘托，温暖着你的身心，为你带来满满的活力，快来好好享用这滋补的美味吧！

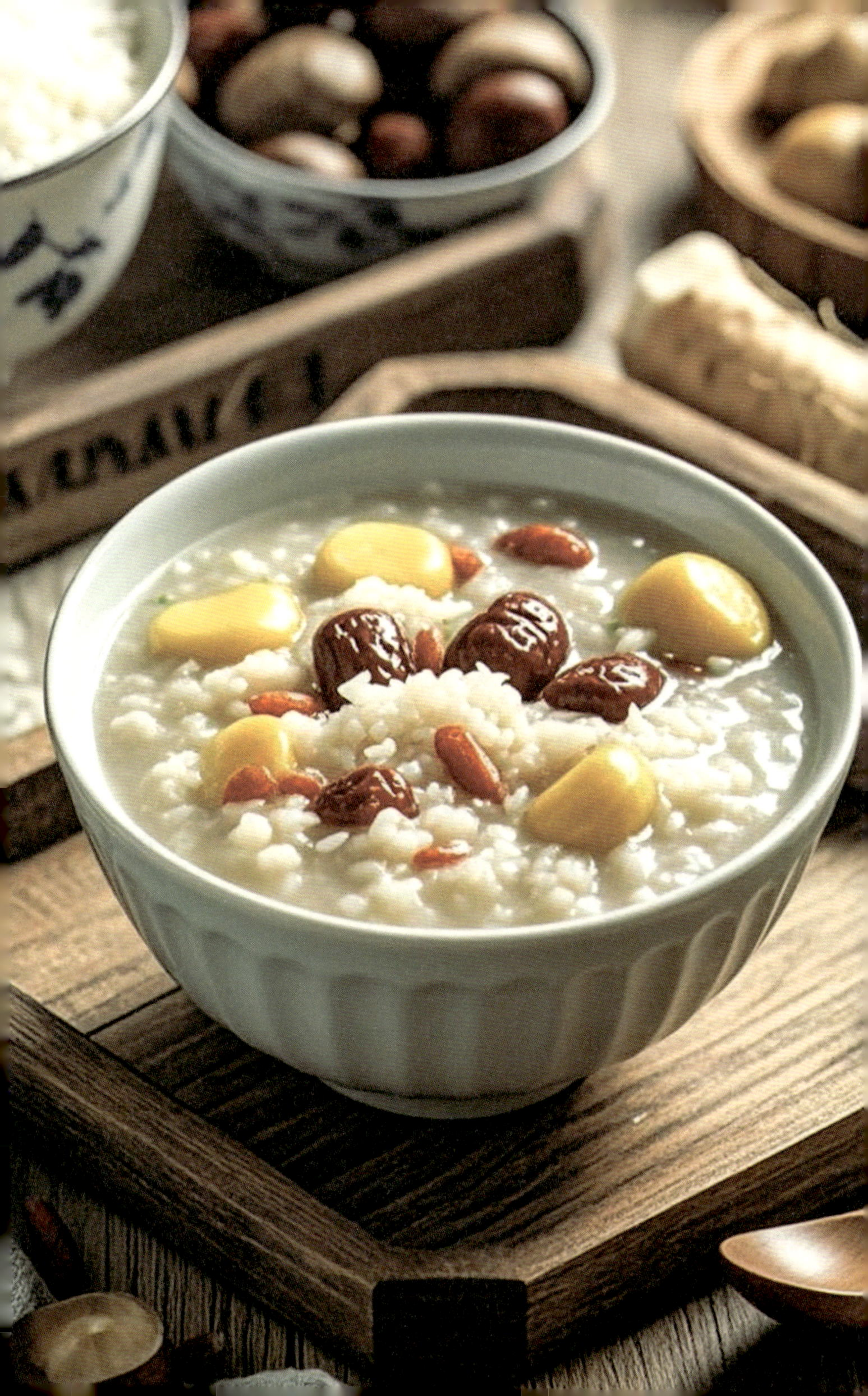

又听 栗花香

枸杞栗子银耳羹
滋润心田的下午茶

备好枸杞10克、栗子30克、银耳15克、冰糖40克。银耳需提前泡发,那原本干硬的银耳在水的滋润下渐渐变得柔软而富有弹性,洗净后将它撕成小朵,如同一片片洁白的云朵。栗子先用开水烫一下,然后仔细除净内膜,此时的栗子就像被精心打磨过的珍宝。

把准备好的银耳倒入锅中,加入适量冷水,点燃炉火,大火煮开后转小火,炖煮20分钟。在这期间,银耳开始释放出独特的胶质。接着倒入栗子,继续炖煮30分钟,栗子的醇厚开始融入其中。随后加入冰糖,炖煮5分钟,甜味开始在锅中弥漫。最后加入枸杞,再炖煮5分钟,那点点红色就像璀璨的宝石点缀其中。

将炖好的银耳羹盛入碗中,温热时食用,口感软糯、香甜,每一口都能感受到栗子的粉糯、银耳的滑嫩、枸杞的清甜和冰糖的甜蜜。

栗子红薯糖水
暖身又甜心的治愈之旅

200 克栗子、500 克红薯,再加上适量的红糖、姜片和清水,就能制作出令人垂涎的美味。

先把栗子和红薯仔细洗净,然后去皮,这一过程仿佛是在揭开它们美味的封印。红薯切成滚刀块,每一块都大小不一,却有着别样的质朴之美,就像形状各异的宝藏。

接着,往汤锅中注入适量清水,盖上锅盖,随着温度升高,水开始翻滚起来。此时,把红薯块放入锅中,再加入栗子,它们在水中相互依偎。随后,放入适量姜片和红糖,用勺子轻轻搅拌均匀,红糖在水中慢慢融化。待再次煮滚,香甜的气息扑鼻而来,整个厨房都被这甜蜜的氛围笼罩。

关火后,盛入碗中,栗子的粉糯、红薯的香甜、红糖的醇厚以及姜片带来的微微暖意,完美融合在一起。

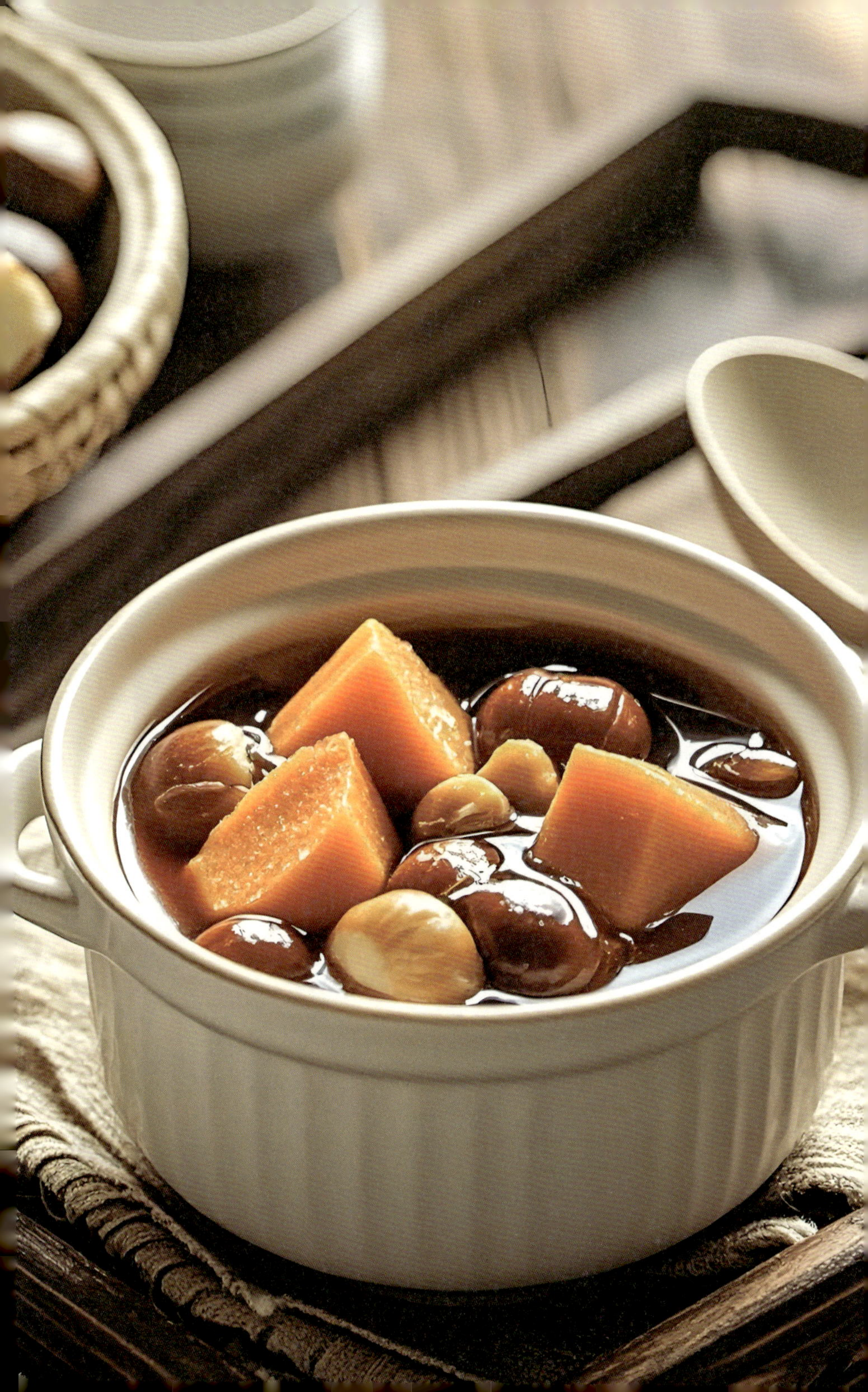

板栗红枣乌鸡汤
养颜滋补汤品

板栗红枣乌鸡汤，是一道集美味与滋补于一身的佳肴。准备好 500 克乌鸡、200 克板栗，再加上适量的红枣、姜片、葱段和枸杞即可。

先将乌鸡剁成小块，仔细清洗，让每一块鸡肉都干净清爽。冷水下锅焯水，随后加入姜、葱和料酒，在热气腾腾中，腥味渐渐消散。待水开后，撇去浮沫，捞出乌鸡块沥干水分，放入炖锅中。接着剥好板栗，与红枣一同洗净，红枣去核后，和板栗一起放入炖锅。往炖锅中加入适量清水和一块姜片，开启中小火炖煮之旅。两个小时的时间里，锅里像是在进行一场奇妙的魔法，板栗的香甜、红枣的浓郁与乌鸡的鲜美相互交融。

最后，撒入一把洗净的枸杞，再加入适量食盐调味。此时，一碗香气扑鼻、营养丰富的板栗红枣乌鸡汤就大功告成了。

又听 栗花香

板栗排骨汤
鲜香浓郁的满足

准备原料，150 克猪排骨、50 克栗子，以及盐 3 克、料酒 5 克、酱油 4 克、大葱 5 克、姜 3 克。

先把排骨洗净，用开水焯一下，杂质被去除后，捞出备用。板栗去皮。开火，在锅中加入开水和排骨，再放入葱、姜。在长达 1 个小时的炖煮中，排骨的鲜香逐渐释放，弥漫在空气中。之后捞出葱、姜，放入板栗，继续炖煮 30 分钟，板栗的醇厚慢慢融入汤中。最后，加入盐、料酒、酱油调味，各种味道完美融合，像是一场味蕾上的交响乐。起锅后盛入碗内，这碗板栗排骨汤，鲜香浓郁，饱含着温暖与满足。

烹出精彩进阶篇

板栗红烧肉
味蕾上的奢华盛宴

板栗红烧肉，色香味无与伦比，这道经典菜肴堪称解馋佳品。准备五花肉400克、栗子200克，再加上生姜4片、香葱2根、八角2朵、香叶2片、桂皮一小块、当归一小节。

　　先用小刀在洗净的板栗上划一刀，放入水中大火煮5分钟。待其晾至不烫手或用冷水稍冲后，趁热剥去外壳。五花肉洗净焯水后，切成两厘米左右见方的小块。

　　锅中倒入少许油，油温七成热时，倒入五花肉。翻炒中，五花肉的外皮逐渐变得焦黄，宛如披上了一层金色铠甲。转中小火，倒入生抽、老抽，五花肉在翻炒中均匀上色。接着倒入热水没过五花肉，同时把所有配料加入其中。盖上盖子，大火烧开后转中小火煮约10分钟，这时加入剥好的栗子。继续小火煮15分钟，加入适量的盐，再加入冰糖，稍加翻炒，最后转大火收汁。此时，板栗红烧肉大功告成，五花肉肥而不腻、入口即化，板栗香甜软糯。

板栗烧鸡
大吉大利

　　板栗烧鸡，大吉（鸡）大利（栗），寓意着美好。600 克鸡全腿和 200 克板栗是主角，再佐以葱、生姜、料酒、酱油、盐和白糖这些神奇的"调味精灵"。

　　首先，把去壳的板栗放入锅中煮上 4 分钟左右。捞出沥干后，锅中加入稍多些的油，板栗入锅，翻炒至表面变色，捞出备用。

　　接着，余油烧热，葱、姜片爆香，那浓郁的香味瞬间弥漫整个厨房。鸡块入锅翻炒，当表面微黄，依次加入料酒、酱油、盐、少许白糖，板栗也回归锅中。倒入开水，大火烧开后转小火，盖上盖子，这 20 分钟鸡肉的鲜嫩多汁与板栗的香甜粉糯相互渗透。

　　最后，大火收干水分，撒入葱段，给这道菜注入最后的活力，尝一尝，充满了幸运的味道。

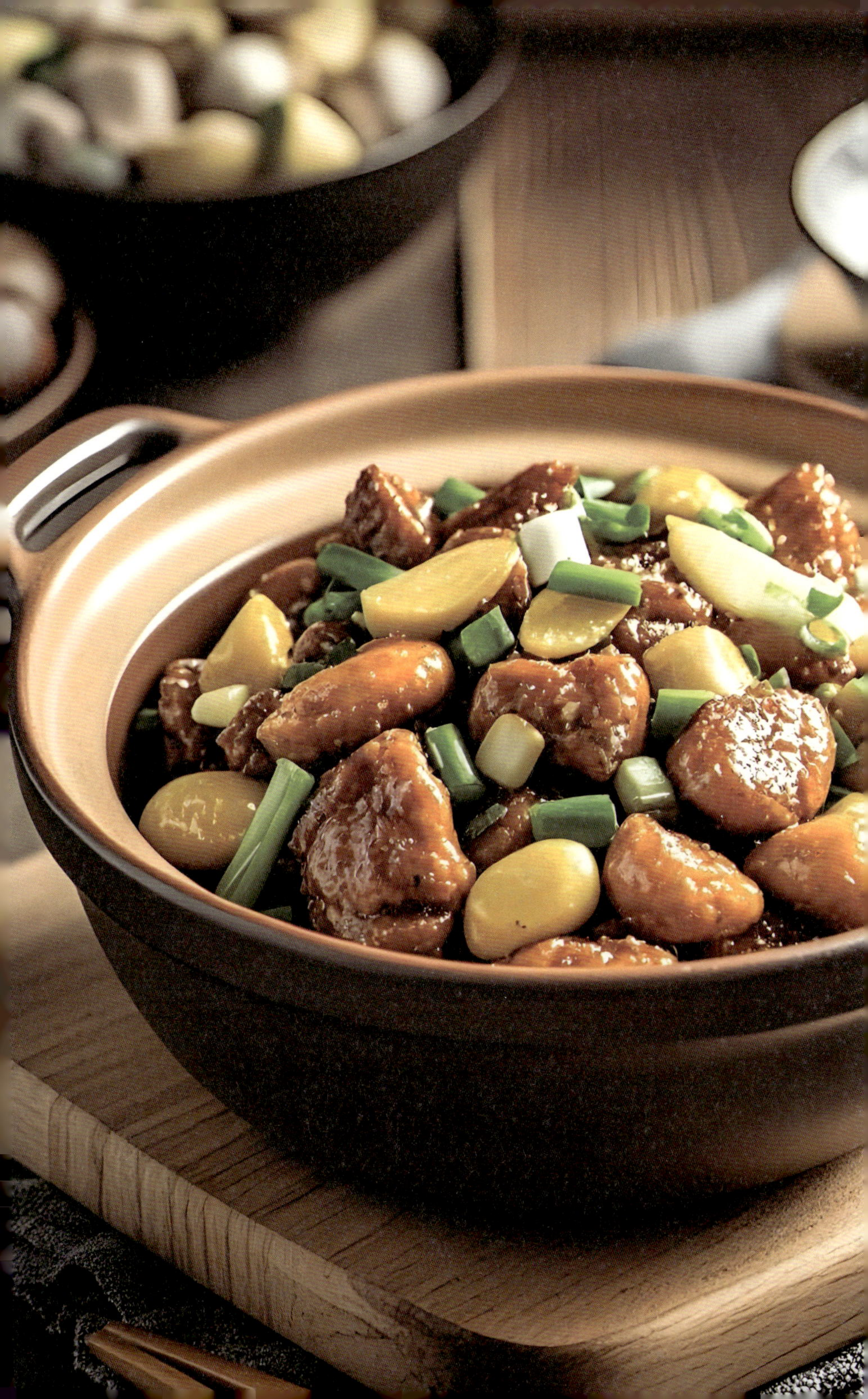

栗子烧山药
营养与美味的双重奏

  栗子烧山药，一道融合了自然之味的佳肴。准备好 12 颗栗子、300 克山药，还有适量的油、5 毫升老抽、20 毫升生抽、3 克糖、适量水淀粉，以及 2 根蒜苗、10 毫升素蚝油、10 毫升葱油。

  山药去皮切块后，放入清水中浸泡。水中加点白醋，能有效防止山药变黑，让它们始终保持洁白如玉的模样。

  接着，在炒锅中倒油，放入姜片爆香，随后倒入栗子翻炒。加入适量清水，再依次放入老抽、生抽和白糖，大火煮上 15 分钟，锅中顿时香气四溢。此时加入山药块继续烧制，待栗子熟透、汤汁半干时，加入素蚝油继续烧制 5 分钟。汤汁逐渐变得浓稠。淋入一勺油，让菜品更加润泽，再放入碎蒜苗丁翻炒均匀后关火。这道菜无需放盐，酱油和蚝油带来的咸味恰到好处，当然，你也可以根据自己的口味进行微调，尽情享受这道栗子烧山药带来的独特风味吧。

附录

油焖栗子菇
舌尖上的鲜醇之舞

准备 150 克栗子、300 克杏鲍菇，再加上适量的油、盐、蚝油、料酒、白糖，以及青椒。

先将杏鲍菇和青椒仔细洗净，栗子去皮。青椒切成块，杏鲍菇也切成块，每一块都大小均匀。

起油锅，杏鲍菇首先入锅过油，在热油中翻滚过后盛出，青椒也如法炮制。接着，再次起油锅，葱、姜入锅煸香，杏鲍菇再次入锅翻炒，加入蚝油、料酒和白糖，就像给它穿上了一层美味的外衣。随后，栗子入锅，再加入盐和味精。最后青椒入锅一同翻炒，各种食材的颜色交织，香味融合。当它们均匀混合后，就可以出锅啦。

这道油焖栗子菇，充满了鲜醇滋味，快来享用吧。

附录

栗焖猪蹄
软糯加倍的胶原大餐

250克板栗、1个猪蹄,再加上适量葱、姜、八角、桂皮、冰糖、盐、陈醋、料酒、生抽、水,就能制作出令人垂涎欲滴的美味。

先将猪蹄剁成小块,仔细洗净,把毛刮得干干净净,这是成就美味的第一步。接着,锅里放清水,加入两片姜和葱白,待水烧开,将猪蹄放入,再倒点料酒,猪蹄在水中焯至变白后捞起,就像完成了一场净化仪式。

把捞起的猪蹄放进砂锅里,此时加入几片姜、一颗八角、一点桂皮和少量冰糖,再放盐和陈醋,轻轻拌匀后,加入足够的开水。大火烧开10分钟后,转小火慢炖1个小时,在这漫长的时间里,猪蹄的胶原蛋白慢慢释放。随后放入去皮的板栗,继续炖煮30分钟左右,板栗在炖煮中吸收了猪蹄的鲜美。等汤汁变得浓稠,倒点生抽,再焖5分钟,熄火。此时,栗焖猪蹄大功告成,猪蹄软糯入味,板栗香甜粉糯。

> 烘焙魔法奇境

板栗月饼
金秋佳节的美味之选

　　板栗月饼,融合了板栗的醇厚与月饼的香甜,别具一番风味。

　　原料:板栗馅(板栗500克、白砂糖80克、玉米油60克、蜂蜜30克)、油皮(中筋面粉200克、猪油60克、水80

克、细砂糖20克)、油酥(低筋面粉160克、猪油80克)、蛋黄液适量。

首先制作板栗馅。将板栗洗净,用刀在板栗上划个口,放入锅中加水煮15—20分钟,捞出后剥壳取栗仁。把栗仁放入蒸锅中,蒸20分钟左右至软烂,用勺子压成泥。锅中倒入玉米油,放入板栗泥、白砂糖和蜂蜜,小火翻炒。炒至馅料抱团,不粘锅底,关火盛出备用。

接着制作油皮。把中筋面粉、猪油、水和细砂糖放入盆中,揉成光滑的面团,盖上保鲜膜,松弛30分钟。

然后制作油酥,将低筋面粉和猪油混合,揉成面团。将油皮和油酥分成相等的小份。用油皮包裹住油酥,收口捏紧,擀成长条,再卷起来,重复一次这个步骤。将卷好的面团擀成圆形,包入板栗馅,收口搓圆,放入月饼模具中压出花纹。

最后,在烤盘上铺上油纸,将做好的月饼放入烤盘,表面刷上一层蛋黄液。烤箱预热至180℃后,放入烤盘,烤20—25分钟,至月饼表面金黄。

刚出炉的板栗月饼香气扑鼻,外皮酥脆多层,板栗馅细腻香甜。无论是作为节日美食,还是日常的糕点,都能满足你的味蕾。

桂花板栗糕
大自然的馈赠

　　桂花板栗糕，一道充满诗意与美味的甜点。准备好 500 克板栗、200 克糯米粉、250 克纯牛奶、2 个鸡蛋以及适量桂花蜜。

　　先将板栗放入清水中浸泡 10 分钟，泡好后的板栗放入蒸屉，大火蒸上 8 分钟。蒸好后，将板栗捣成细腻的板栗泥。在捣好的板栗泥中加入纯牛奶和糯米粉，用勺子充分搅匀。然后在碗中打入鸡蛋，为这份美味增添更丰富的口感。

　　模具中刷上一层薄薄的油，把面糊缓缓倒入模具中，水开后上锅蒸 15 分钟。蒸好后的糕点先别急着品尝，冷藏两个小时，让它的口感更加细腻爽滑。最后切成块，摆好后再淋上香甜的桂花蜜。那淡淡的桂花香气与板栗的醇厚、糯米的软糯相互交织，仿佛是大自然给予我们的甜蜜馈赠。

附录

板栗酥
一口酥香，满是秋味

板栗酥，制作虽稍显复杂，但每一步都充满了对美食的热爱与期待。

先准备好丰富的原料。生板栗仁 850 克在水中煮至一捏就碎，然后放入破壁机打成细腻糊状，倒入不粘锅中，与麦芽糖 120 克和玉米油 70 克一起，在小火的温柔呵护下不停搅拌，直至水分蒸发，板栗馅变得抱团且不粘硅胶刀，覆盖保鲜膜备用。

接着制作酥皮面团，容器中依次加入糖粉 63 克、猪油 158 克、奶粉 8 克、水 24 克、低筋面粉 330 克、过筛的可可粉 20 克和牛奶 50 克，通过抓匀、揉搓、拌成絮状、用堆叠法整理等步骤，成就一个柔软的面团，用保鲜袋包裹松弛 1 个小时，让面团充分舒展。随后，将面团和板栗馅分别分成 20 克与 30 克的小球，用酥皮面团包裹住板栗馅，收口后放入模具轻按脱模。

最后，经过烤箱上火 150 ℃、下火 180 ℃烤 30 分钟，香甜酥脆的板栗酥华丽登场，咬上一口，仿佛把整个秋天的美好都浓缩在了这小小的糕点之中。

板栗布朗尼
醇厚与丝滑的完美邂逅

板栗布朗尼，将板栗的醇厚与巧克力的浓郁完美融合。准备好板栗200克、黑巧克力150克、黄油100克、细砂糖80克、鸡蛋2个、低筋面粉50克、可可粉15克、盐1克、核桃仁适量。

先处理板栗，将板栗洗净，划口后煮熟，剥出板栗仁，用勺子压碎备用。接着，把黄油和黑巧克力放入碗中，隔水加热并搅拌至完全融化，形成丝滑的巧克力酱。然后加入细砂糖，搅拌均匀，再逐个加入鸡蛋，每加一个都要搅拌充分，让蛋液与巧克力酱完美融合。

之后，将低筋面粉、可可粉和盐过筛后加入巧克力糊中，用刮刀轻轻翻拌，注意不要过度搅拌，以免面粉起筋。再把压碎的板栗和适量的核桃仁加入其中，搅拌均匀。

将面糊倒入铺有油纸的烤盘中，用刮刀将表面刮平。烤箱预热至180℃，把烤盘放入中层，烤制25—30分钟。烤制过程中，板栗和巧克力的香气会逐渐弥漫整个厨房，那是一种令人陶醉的味道。

当布朗尼出炉后，让它在烤盘中冷却一会儿。此时的板栗布朗尼，表面微焦，内部湿润绵密。切开一块，板栗的香甜在舌尖散开，巧克力的醇厚紧随其后，核桃仁则带来了香脆的口感，带来满满的幸福与满足。

板栗椰蓉球
一口一个的甜蜜小精灵

原料：板栗泥（板栗 200 克、细砂糖 30 克、黄油 20 克、牛奶 50 毫升）、椰蓉球面团（椰蓉 100 克、奶粉 30 克、鸡蛋 1 个、玉米油 30 毫升、蜂蜜 20 毫升）。

先来制作板栗泥。板栗洗净，用刀在板栗表面划一个口子，放入锅中，加水没过板栗，大火煮开后转小火煮 15—20 分钟。煮熟后剥去外壳和内皮，用勺子按压成泥状。如果想要更细腻的口感，可以把板栗泥过一下筛。在板栗泥中加入细砂糖、黄油和牛奶。把它们放入小锅中，小火加热，并不停地搅拌，让黄油和细砂糖完全融化，与板栗泥充分混合。这个过程需要耐心，一直搅拌到板栗泥变得更加浓稠、顺滑，大约需要 5—7 分钟。搅拌好后，关火，将板栗泥盛出备用。

接着制作椰蓉球面团。在一个大碗中放入椰蓉和奶粉，用筷子搅拌均匀。把鸡蛋打入另一个碗中，打散后倒入椰蓉和奶粉的混合物中，

附录

接着加入玉米油和蜂蜜。用筷子或者刮刀搅拌,将所有材料混合在一起,直到形成一个湿润的面团。如果感觉面团太干,可以适当再加入一些牛奶,每次加 5—10 毫升,直到面团达到合适的湿度。

取适量的椰蓉球面团放在手中,压成一个小饼状,然后在中间放上适量的板栗泥。将面团收口,把板栗泥包裹在里面,再搓成一个圆球。这就像给板栗泥穿上了一件椰蓉外衣,是不是很有趣呢?

将烤箱预热到 180℃。在烤盘上铺上油纸,防止板栗椰蓉球在烤制过程中粘在烤盘上。把做好的板栗椰蓉球放在烤盘上,每个球之间要留出一定的间隔。将烤盘放入烤箱中,180℃烤 15—20 分钟。在烤制过程中,可以观察一下椰蓉球的颜色,当椰蓉球表面呈现出金黄色,就说明烤好了。

刚出炉的板栗椰蓉球,散发着诱人的香气。无论是作为下午茶的糕点,还是作为招待亲朋好友的小零食,板栗椰蓉球都绝对是不二之选。

青龙板栗赋

王会东

关山壮丽,紫塞逶迤。长城以北,渤澥之西,岭上苍林,翳翳争天恣涨;山中鸟雀,悠悠隔涧清啼。满汉相和,炊烟袅袅;翁童互爱,祥乐熙熙。

民国讫祚,新纪开元。盛植京东板栗,广建生态林园。于是玄水沙河两岸,都山祖山之间,蓊蓊郁郁,颠颠连连。叠丘高低,皱青葱之细浪;重峦起落,掀浩瀚之鲸澜。中有栗树之王者,根盘地脉,杪触云巅;枝丫横斜百丈,年轮扩展千环;彭祖与之共寿,唐宗与之同年。至若春暮夏初,枝摇花穗,馥气充盈天地;风舞流苏,香氛浸没幽燕。逮至金风送爽,雁阵惊寒,万户千家,皆空牖室;群山众壑,尽响竹竿。打下一天红雨落,铺成满地绛珠圆。呜呼,亦盛矣哉!遂乃年成涨倍,经济翻番;个个心中蜜渍,人人脸上花妍。自是也,民生烨烨兮,日子甜甜;瘦径变通衢之广畅兮,糙屋改靓舍之光鲜;巷里歌声阵阵兮,村头舞影翩翩。诚乃新了天地,富了家园!

欢欣毕现,苦累谁知?精研物理,不违农时。凛凛寒冬,身披冻霰，把剪裁枝，深怀初心梦好；炎炎暑夏，头戴骄阳，执锄耘草，岂畏热汗襟湿？晴日蚊虻扰攘，阴时风雨交织。一树小苗，朝夕呵护；十年心血，左右濡滋。泂无怠慢，岂敢松弛？双眉染雪，两鬓成丝。额颐沟壑，手脚胼胝。默默然身劳于此，拳拳乎心系于斯！

客有问曰："山川广袤，大块苍辽，缘何青龙板栗独享盛誉耶？"答曰："尧封舜壤，禹甸汤疆。神州浩浩，赤县泱泱。同为板栗，殊胜他方。宜燕山之水土，适塞上之温凉；得清纯之海汽，沐赤丽之阳光。故而鲜明其色，醇厚其香。吹馨风于异域，飚馥气于仙乡。蓬莱设乐，藉盘里之珍馐，襄弦中之妙曲；瑶界筹筵，赊人间之美味，佐天上之清觞。"

呜呼！徐升红日兮，高举帆樯。东风驰荡兮，大道康庄。笃其心之旦旦兮，耕其业之煌煌。树茂花繁兮，深揖此膏腴热土；年丰人寿兮，诚祝吾富庶家乡！

山里栗花开(杂记)

李月玲

我的家乡河北青龙满族自治县盛植栗树。栗花一旦绽放,便霸气十足地遍布整个县域的山坡、平地,遮住山绣球、山茉莉以及其他一切零星的野花。山里风大,栗花在苍翠间随风舞动,像翻滚的海浪。

栗子花香味独特,浓郁醇厚。这香气随风飘过山林,飘过田野,一直飘进农户家的院子里。"熏醉了,吃饱了,灌了一肚子香。"农人满面喜气地说。这个季节,他们要蹲在栗树下拔草,把树根周围的草清理干净,秋天好捡栗子。守着村里的栗树林干活的农人,不少已是做爷爷的人了。

我爷爷在世时,除去种地,每年都要打理进了城的儿女们的栗树。春天,儿子们匆匆回来,给栗树剪完枝,又匆匆地回市里。爷爷捡拾掉落一地的枝条,在栗树周围挖沟,撒上肥,期待着栗树茂盛地长起来。夏天,栗树开花前,再给栗树来一次夏剪。待花落了,再施一次肥。秋天,成熟的栗子掉落,爷爷就拿起口袋,钻进栗子坡去捡掉落满地的果实。

爷爷用栗果喂饱一个个口袋后,儿女们也差不多要回家,处理现成的果实了。大部分栗子换成钱,少部分栗子带回市里,炒着吃。

一年秋天,从老家回来的姑姑告诉我,爷爷给我攒了一大袋栗子,让她给我捎来,临走时她给忘了。我连说没事没事,也没放在心上。一个月后的某天,我回老家看爷爷,他像以往那样看着我嘿嘿地笑,然后转身回屋,从柜子上拎起个塑料袋,里面居然是黄澄澄的栗仁!栗仁有十几斤。我知道,生栗子去皮很难,栗子表皮坚硬不说,栗仁外面还包裹着一层茸毛软皮,极其难剥。这么多生栗仁,爷爷得用多少时间剥完呢?我眼眶酸胀,不敢再看爷爷热切的眼睛,只得抬头看向窗外的院子。耳边是爷爷絮絮的话。他说,给我留的栗子,他怕放坏了,天天睡觉前剥点……我抓住爷爷的手,他粗糙的手掌令人心疼。

而今天,虽然栗树仍像往年一样,发芽、长叶、开花、结果,但却没人拿着口袋等待栗子成熟落地,等着我们回家去拿了。父亲带领我们钻进栗子坡捡拾掉落一地的栗果,我才体会到爷爷每年秋天捡栗子的辛苦。我们弯着腰,循着栗果的踪迹,一颗一颗拾起,时间一长,腰酸得像缀上了秤砣。九十岁的爷爷每年要捡满好几袋,他的腰要疼多久呢?可我从没听过他抱怨。也许,当爷爷看到满地油亮可爱的栗果,想到儿女们回家来可以拿走满满几袋栗子,内心更多的是兴奋和欣喜吧。

我们村种栗子的年头不算久。20世纪八九十年代，青龙板栗大量出口。那时同村有个叔叔在县里工作，每次回家都会讲邻村的板栗多么好吃、出口板栗多么赚钱。村里人听得满眼羡慕，后来在那个叔叔的帮助下购来了栗树苗，在自家山坡、地里栽上了。如今，栗子产品已从单一的糖炒栗子发展到了栗子罐头、冰栗子、栗子鸡……家乡人的生活里，栗子无处不在，就连新人结婚，也要在新娘的被角里缝进几颗饱满的大栗子和甜枣，祝福新人"早立子"。

爷爷总爱让我们猜谜语：刺猬猬，套红袍，红袍裹着毛绒袄，袄里睡个小胖小。这个谜语太简单了，我们都懒得应，但爷爷觉得他把我们难住了，得意地笑着。栗花再开时，没人再给我们说这个谜底显而易见的谜语了，但萦绕在每一处空气中的栗花香，总让我想起爷爷那袋如珍宝一般的栗仁，心头顿时涌起无尽的思念。

我站在栗树林里，就像陪着爷爷。我们一起闻着栗花香，一起听着栗果掉落的声音。

来自各界的祝贺

举个栗子："10年来，我们专注于做好栗子这一件事，致力于打造全国第一的栗子品牌，首创了冰栗三式吃法、烤栗及桂花蒸蒸栗等产品，始终引领行业创新。目前，全国已有近400家门店，覆盖北京、河北、江苏、云南、黑龙江等地，并进驻了大悦城、万象城、万达、银泰等购物中心。青龙板栗不仅品质好，而且是连接我们和青龙这片土地的纽带。青龙对于我们来说，就像是第二个故乡。未来，我们将继续与青龙携手，搞好生产，扩大经营，争取早日实现'百城千店'的目标。"

日本板栗协会会长加藤国夫先生："世界板栗数中国，中国板栗数燕山，燕山板栗数京东，京东板栗数青龙，青龙板栗世界第一。"

日本林万昌堂株式会社："自1874年起，我们便专注于糖炒板栗经营，而青龙板栗一直是我们的优质原料之选。我们针对青龙板栗开展了广泛的跟踪测评，结果显示，大家普遍认可青龙板栗果形端正、肉质细腻、色泽亮丽的特点。合作是我们走向成功的基石，而这一切都源于我们对品质的那份执着追求！"

日本博科贸易株式会社："我们公司的历史根源能追溯到百年以前。青龙板栗作为我们的首选原料也已经有 20 多年的历史了，这种栗子的香气浓郁，果仁饱满，让人吃过之后总是念念不忘，是现代食品工程贸易的瑰宝！"

北京盛文甘栗："作为北京老字号，我们一直选用青龙板栗。自 1999 年成立后，我们的店铺在全国快速增加，秘诀就在于这优质的青龙板栗！多年的使用让我们深知其质感与口感，使我们的板栗产品品质始终如一。顾客每次品尝我们的产品时都超级满意！"

天津小宝栗子："我们有着 20 多年的历史，专做正宗青龙板栗。青龙板栗粒粒饱满，吃起来软糯可口，不少吃过的人都说它能与'天津三绝'相媲美呢！"

上海久光百货："青龙板栗一直都是久光百货的热销商品，自

2011年起，青龙板栗就成了我们的长期合作伙伴。其口味与品质都经得住时间的考验，感谢青龙板栗的持续供货！"

杭州勤耕食品科技有限公司："我们聚焦网络坚果市场，青龙板栗是我们成功的关键。多年使用下来，青龙板栗为我们的袋装甘栗仁提供了绝佳口感，消费者的良好口碑让我们满心欢喜，有了消费者的信赖，我们的事业也在稳步前行！"

杭州喵满分电子商务有限公司："作为阿里巴巴'喵满分'自有品牌的成员，我们经多次考察后，毅然选择青龙板栗作为我们板栗类产品的源头。青龙独特的地理位置和气候孕育出了优质板栗，正因如此，我们的产品才一直备受青睐，收获的全是满分好评！"

郑州强丽炒货食品有限公司："多年来，我们的栗子因品质优良，在中原一带大受欢迎，而青龙板栗是我们成功的关键所在。它易脱皮、入口即化，这些特点让我们制作炒栗子时轻松自如，顾客对我们的板栗更是赞不绝口！"

后记

后 记

用一本薄薄的小书讲青龙板栗是讲不透的。

青龙板栗的品质无可置疑，但围绕着板栗，青龙还有许多的故事令人好奇、令人感动。一方水土养一方人，青龙人民把对山川大地、家乡故园的热爱寄托在板栗上，小小的板栗承载了太多的勤劳与智慧、希冀与梦想。在调研采访过程中，我们常常被那些辛勤的耕耘者所折服。说他们朴实，他们身上却常常有一种浪漫的气质，从不停止追求的脚步；说他们粗犷，他们却常常细致得令人惊叹，对待板栗，就像对待自己的儿女。纬度、气候、土壤、品种，固然是青龙板栗胜上一筹的决定性因素，但这样一群坚韧顽强、淳朴善良的人，也许更能诠释青龙板栗的品质。

青龙是山区县，经过多年的摸索，青龙人终于找到了自己的优势产业，搭上了现代农业的快车。然而，青龙板栗的知名度并没有那么高，青龙板栗的销售价格受制于多种因素，远没有想象中那么高。也许是层层叠叠的大山阻隔了信息的沟通，也许是朴实的果农低调做事、不事张扬的性格阻碍了信息的扩散，我们在创作、编写这本书的过程

后记

中，常常停笔深思，怎么样才能帮朴实的栗农做点事？这也是我们编写这本书的初衷。

要想真正了解青龙、了解青龙板栗，还是要到青龙去实地走一走，或购买一些青龙板栗亲自尝一尝。如果还没有安排好时间来青龙，那么这本书将会为您打开一扇发现青龙的小小窗口，在这里您可以窥见青龙这片神奇的土地以及青龙的山水人文，阅读青龙板栗的种种故事。若如此，我们的付出就算是有了回报，也就没有辜负数十万青龙栗农的心血和汗水。

在此感谢被采访者的信任，感谢青龙县委县政府及相关单位对我们调研工作的大力支持，感谢青龙县委宣传部、青龙林业局、秦皇岛市媒体记者为我们提供相关素材，感谢燕山大学出版社为本书的出版所做的工作。本书着墨未尽之处寄希望于未来不断完善，期望读者给予我们宝贵意见。

编者

2024 年 11 月